这样好读的历史

两晋南北朝
下

黄粱 / 著

人民文学出版社　天天出版社

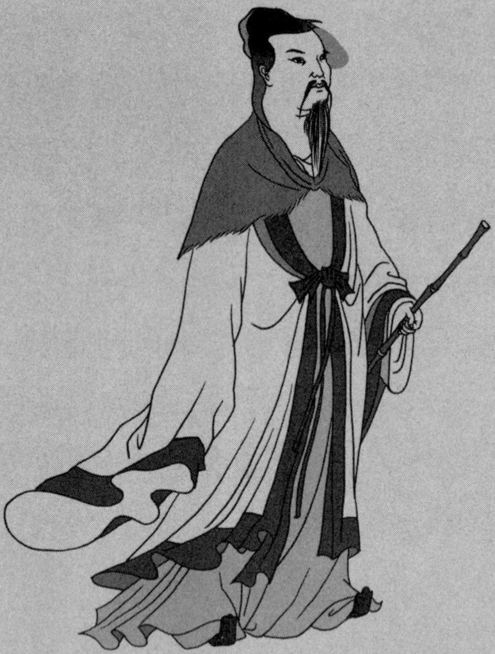

第五章 宋魏并起

不过，刘裕并不忙着即位。因为当时有一句谶言『昌明之后有二帝』，昌明是司马德宗的父亲孝武帝司马曜的字，于是刘裕让司马德宗的弟弟司马德文即位，是为晋恭帝。当然，这一切都是形式，只是为了那句谶言。

第一节 气吞万里如虎

🌀 刘裕的崛起

桓玄的桓楚政权，是被东晋北府兵一位叫刘裕的将领终结的。

刘裕（363—422），字德舆，祖籍长江北边的彭城，据说是刘邦的弟弟楚王刘交之后。其曾祖父刘混渡江后，居住在京口。刘混官至武原县令，其子刘靖官至东安太守，其孙刘翘是本郡功曹。从这些不难看出，刘裕家族是妥妥的寒门。

刘裕生于363年，他刚出生时母亲便去世了。其父刘翘无力抚养，雇不起奶妈，甚至计划丢掉刘裕。幸好刘裕

的姨妈当时刚生下孩子，于是就把刘裕接过来抚养，这也是刘裕小名"寄奴"的原因。

刘裕成人后，身长七尺六寸（东晋十六国的一尺约是24.5cm），风骨奇特。他的父亲后来又娶了继室萧文寿，生下两个弟弟刘道邻（又名刘道怜）和刘道规。刘裕早年的事迹留存不多，我们现在知道的是他家庭贫困，曾以卖履为业，却喜欢赌博，曾经欠过大族刁逵（晋元帝宠臣刁协之孙）三万钱，以至于被刁逵捉住。琅邪王氏王谧（王导之孙）路过，看出刘裕不是普通人，便代他偿还了债务。

刘裕第一次正式出现在历史舞台上，是399年十一月，这时候他的身份是北府军将领孙无终的司马。前面我们已经说及，这一年孙恩叛乱，朝廷派遣谢琰与北府名将刘牢之征讨。此时，刘牢之邀请刘裕担任他的参军，从此开启了刘裕和天师道的故事，也开启了他气吞万里如虎的军事生涯。

399年十二月，刘裕领数十人侦察被围，而后被数千敌军围困，他手执长刀，杀敌甚多，而后刘牢之的儿子刘敬宣来援，斩敌千余人。

400年五月，孙恩袭击会稽，谢琰轻敌被杀。十一月，

两晋南北朝
第五章 宋魏并起

刘裕镇守句章（今浙江余姚市东南），常常冲锋陷阵，多次击退天师道的叛军。

401年春，刘裕在句章击退孙恩，孙恩被迫逃入大海。三月，孙恩复出。这一年，刘裕接连在多地击败孙恩的军队，因功封为建武将军、下邳太守。孙恩的军队经历大败，又遭遇饥荒与疾疫，再次撤退。

402年，桓玄讨伐司马元显，派人游说刘牢之倒戈。当时刘裕和刘牢之的外甥何无忌力谏阻拦刘牢之，然而刘牢之没有听从。如前所说，桓玄掌权后夺去了刘牢之的军权，刘牢之被迫自杀，其子刘敬宣逃往南燕。是时，何无忌问刘裕该何去何从，刘裕答道："如果桓玄愿意守节当忠臣，我和阁下辅佐他便是；不然，我和阁下便要讨伐他。"

桓玄对北府军的宿将们非常忌惮，之后便将他们纷纷杀害。不过对于刘裕、何无忌这一批新晋将领，桓玄却加以重用。刘裕被任命为徐、兖二州刺史桓脩的参军，之前的官职也保持不变。之后，刘裕继续他讨伐天师道的事业。孙恩于402年三月兵败后，投海自杀，其妹夫卢循接管了军队。刘裕则多次与卢循交战，也是接连获得胜利。可以说，刘裕是通过讨伐天师道起家，从而成为一位优秀的北

府将领的。

403年十二月,桓玄篡位。刘裕遵循之前与何无忌的约定,开始计划讨伐桓玄。

桓楚的灭亡

刘裕与何无忌见桓玄已经篡晋建楚,便计划在东晋的四个重镇同时发动兵变,分别是桓玄所在的都城建康,徐、兖二州刺史桓修所在的京口,青州刺史桓弘所在的广陵,刘裕曾经的债主豫州刺史刁逵所在的历阳(今安徽和县)。刘裕与他的同伴们或在这些人手下任职,或在这些重镇有地方势力。

404年二月二十八日,刘裕和他的同伴们同时举事。京口方向,刘裕、何无忌、臧涛等人袭杀了桓修,控制了京口;广陵方向,刘毅、刘道规、孟昶等人袭杀了桓弘。可是,京城建康和历阳的兵变却失败了,建康的负责人刘迈(刘毅之兄)因惊慌失措而向桓玄告密,导致同伴王元德被杀、王仲德逃亡;而历阳方面的负责人诸葛长民则因计谋败露,被刁逵擒拿,送往建康。

两晋南北朝

第五章 宋魏并起

京口距离建康很近,刘裕等了一天,见建康方面没有传来消息,便知道建康的行动已然失败。于是,刘裕当机立断,留下少数人镇守京口,自己则与集结的一千多人出兵建康。

桓玄得知兵变消息后,派遣吴甫之、皇甫敷率军围剿刘裕。刘裕的义军虽然人数不多,但是士气正旺,加上刘裕等北府将领勇猛无比,很快便在江乘县(今江苏南京市栖霞区)外击败了吴甫之的部队;随后,又在罗落桥击败了皇甫敷的部队。吴甫之和皇甫敷都阵亡了,而义军的前方已经是玄武湖畔的覆舟山(今江苏省南京市小九华山)——建康城就在眼前。

在覆舟山驻军的将领是桓玄的从兄弟桓谦,桓谦是桓冲之子,统辖部队大多出自北府军,深知刘裕等人的勇猛,非常畏惧。刘裕乘着风起纵火,烧毁了桓谦的大营,大败楚军。桓玄也深知刘裕的厉害,见状况不利,居然直接带人逃往了荆州。桓谦见桓玄逃亡,自己也领败军逃亡了。

就这样,刘裕仅仅用了几天时间,便摧毁了桓楚政权。随后,刘裕进入建康,因功被封为镇军将军、徐州刺史,都督扬、徐、兖、豫、青、冀、幽、并八州诸军事,一跃

这样好读的历史

两晋南北朝
第五章 宋魏并起

成为东晋权力最大的将领。司徒王谧本来归附桓玄,众人认为应该处死他,但是刘裕还记得王谧当年帮他还钱的恩德,便推举他当了扬州刺史。而刘裕昔日的债主豫州刺史刁逵听闻桓玄兵败,弃城而逃,被部下擒获,刘裕自然是公罪与私仇一起算,将刁逵处死。

桓玄虽然逃亡了,但是他的军队并没有完全消灭,加上晋安帝还在他的手上。于是,刘裕尊武陵王司马遵为大将军,暂且主持朝廷。刘裕自己坐镇建康,派遣刘毅、何无忌、刘道规等人出兵剿灭桓氏,营救晋安帝。

404年五月,桓玄兵败后被杀,他的从子桓振则率领残军占据了桓氏的大本营江陵(今湖北江陵县),挟持了晋安帝。这一年,身在南燕的刘敬宣听闻刘裕举义,也在南燕密谋起兵,失败后的他便回到东晋,参与到剿灭桓氏的队伍中。

405年正月,义军攻破江陵,晋安帝也得以返回建康。三月,桓振被义军将领刘怀肃斩杀,刘怀肃的母亲便是哺育刘裕的姨母。值得一提的是,之前从前秦逃亡过来的前秦太子苻宏,在桓玄任职江州刺史时投奔桓玄。苻宏感念桓玄的恩义,在桓玄死后仍旧选择效忠桓氏,最终在405

年被北府将领檀祗攻杀。

之后，桓玄的残余部队仍旧在与东晋对抗，不过都不成气候，最终在410年被彻底消灭。

南燕的灭亡

405年，刘裕的义军击败桓玄并迎回晋安帝后，刘裕已经成为东晋朝廷军权最大的大臣。那时，以刘裕为代表的北府军声望正隆，甚至后秦君主姚兴还归还了汉水以北的十二个郡。

不过，刘裕的日子并不算好过，许多大臣都不待见他。这倒不是刘裕在那时就有了造反之志，而是因为他的出身与个性。刘裕出身寒门，他的祖上在东晋最多也只是一个太守，他的父亲更是贫穷到雇用不起一位奶娘。加上刘裕性格轻狡，不通文学，早年还赌博欠钱，这些世家大族自然就更看不起刘裕了。

这些与刘裕暗暗作对的世家大族，代表人物是谢安之孙、谢琰之子谢混和郗鉴之孙郗僧施。谢混看不起刘裕，他选择向北府军将领刘毅靠拢。刘毅是讨伐桓玄时军功仅

两晋南北朝
第五章　宋魏并起

次于刘裕的人,他的出身较刘裕稍高一些,更重要的是他更具有名士气质,对诗文等方面更为爱好。谢混雅好文学,与谢灵运等后辈有乌衣之游的佳话,自然对刘毅更为欣赏。

407年,王谧去世,扬州刺史的位置空了下来。作为权力的爱好者,刘裕自然想要接手并入主建康。然而,刘毅并不希望刘裕入朝,便推荐谢混这位高门子弟出任扬州刺史。这说明,此时的刘毅已经和谢混有结盟之势了。不过,刘裕还是听从了心腹刘穆之的话,以强硬姿态得到了扬州刺史的位置。

409年二月,南燕君主慕容超侵犯东晋领土。刘裕正要建功进一步提升自己的威望,自然想要消灭南燕。当时许多大臣都表示反对,刘裕将强硬进行到底,在四月出征了。刘裕的军队先是渡过了淮河,而后继续渡泗水北上行军,在五月便来到了下邳(今江苏邳州市南)。此后,刘裕兵行险着,他放弃了一贯走水路行军的方法攻打南燕都城广固(今山东青州市西北),而是选择先占领位于广固南方三百里外的琅邪。

刘裕之所以这么做,是因为他考虑到如果继续沿着泗水行军,之后在山东的平原登陆后,便要面对强大的鲜卑

骑兵，这对大部分士兵是步兵的东晋军队是极为不利的。然而如果选择从琅邪出发，琅邪和广固之间便是沂蒙山，南燕的军队想要防守反击就必须在沂蒙山与东晋军队作战，这样一来，鲜卑骑兵的优势将不复存在。

刘裕的决定是正确的，东晋军队在城外击败了慕容家的鲜卑军队，直接把南燕君臣围困在了广固。然而，广固作为一座都城，自然是易守难攻的。东晋军队这次的围城非常漫长，从409年六月一直到410年的二月，一下就是八个月。

410年二月初四的夜晚，刘裕下令对广固城发起猛攻。第二天，英勇的晋军登上了广固的城楼，南燕君主慕容超被擒，南燕灭亡。

南燕灭亡后，刘裕松了一口气，他再也不用担心两线作战了。刘裕之所以下令猛攻，是因为他得到了密报：近年驻扎在广州的天师道卢循正在密谋叛乱。

乌衣之游

乌衣之游，指的是谢混与他的子侄辈在乌衣巷的游历。乌衣巷便是东晋大族如琅邪王氏、陈郡谢氏等高门居住的宅地，也是刘禹锡的名诗《乌衣巷》描写的地方，位于江苏省南京市秦淮区秦淮河上文德桥旁，周边还有夫子庙等景区。

据《宋书·谢弘微传》记载，谢混性格高峻，很少与人交结，不过他经常与族子谢灵运、谢瞻、谢曜、谢弘微等以诗文美酒进行宴会，被称为乌衣之游，一时传为佳话。谢家的这几位子弟都有诗才，其中当以谢灵运为最盛，另外几位也有诗留世。谢混本人的山水诗也比较出众，其"昔为乌衣游，戚戚皆亲侄"的句子，便是描写"乌衣之游"的场景。

权臣之路

410年二月，也就是刘裕攻下南燕的都城广固不久，天师道的卢循叛乱了。此前，卢循被刘裕打败，乘着桓玄之乱占据了广州。之后，以刘裕为代表的东晋朝廷无暇顾

及,便封卢循为广州刺史。这次,因为刘裕讨伐南燕,卢循的智囊徐道覆指出:如果刘裕得胜而回,必然会起兵讨伐天师道。卢循犹豫了许久,最终还是听从了徐道覆的建议,从广州出发,进攻江州。

三月,江州刺史何无忌与天师道交战。何无忌毕竟不是刘裕,他的对面也不是慕容超。天师道不仅拥有丰富的水战经验,还拥有早已准备多时的巨型舰队。两军交战时西风大起,何无忌的小船被吹到了东岸,天师道也趁势进兵,晋军大败。何无忌面不改色,继续督战,最终阵亡,死时手上还握着他的符节。

二月末刘裕便从广固撤军,途中得知了何无忌遇害的消息。于是,刘裕选择轻车简从,在四月初先行回到了建康。这时,卢循的军队又在长沙击败了刘裕的三弟荆州刺史刘道规。豫州刺史刘毅想要争功,压过刘裕一头。于是,他不顾刘裕劝阻,坚持与卢循作战,最终在寻阳的桑落洲大败而回。

卢循击败刘毅后,很快来到了建康城外的江面上。此时,徐道覆建议卢循弃船登岸,乘着刘裕的北伐主力还没回师,与之决战。事实上,此时手上并无多少军队的刘裕

两晋南北朝
第五章　宋魏并起

正担心卢循会这样做。然而，瞻前顾后的卢循不愿意放弃船只，他认为水军是他们最后的底牌。

七月，卢循和徐道覆的天师道部队被刘裕回师的主力击败。两人各自率军撤退，最终分别于第二年的二月和四月被晋军击杀。就这样，扰乱东晋十几年的天师道叛乱终于被平定了。

412年四月，荆州刺史刘道规病重，刘毅继任荆州刺史，并顺势带走江州和豫州的军队。接着，刘毅奏请加都督交州和广州，再次得到朝廷批准，此时，刘毅已经都督六州了。不久，刘毅再次向朝廷奏请让他的弟弟兖州刺史刘藩来荆州协助。刘裕自然是明白刘毅的野心，他一面稳住刘毅，同意了他的请求，一面等刘藩来到京城，便将刘藩和刘毅的盟友谢混处死。随后，刘裕派遣大将王镇恶（前秦丞相王猛之孙）奇袭刘毅，毫无防备的刘毅大败，于九月兵败自杀。

413年三月，刘裕处死了一同起兵讨伐桓玄的诸葛长民。原因是诸葛长民密谋除掉刘裕，甚至想唆使刘敬宣一同谋反，不料刘敬宣将密谋告诉了刘裕。这年九月，刘裕的部将朱龄石攻克成都，消灭了谯蜀政权。同年，刘裕参

照此前桓温的庚戌土断之例，也对东晋多地进行了土断，因此时年号为义熙（405—418），史称义熙土断。

415年正月，身为荆州刺史的宗室司马休之因不忍刘裕的跋扈，与雍州刺史鲁宗之起兵讨伐刘裕。正在权臣道路上前行的刘裕非常需要消灭这些有军权的司马宗室，事实上司马休之也算是被他逼反的。司马休之和鲁宗之于五月被击败，二人投奔后秦。

在消灭了谢混、刘毅、诸葛长民和司马休之等人后，刘裕已经在权臣的道路上越走越远，无法回头。

谯蜀

谯蜀是由汉人谯纵建立的政权，又称为后蜀，其统治范围曾囊括四川大部。谯纵本来是四川大族，在405年被益州刺史毛璩派去讨伐桓振。然而益州的将士们不愿离开益州，便用武力逼迫谯纵反叛。无奈之下，谯纵发动了兵变，占领了成都，自立为成都王。

407年，刘敬宣曾受命讨伐谯蜀，却被挡在了黄虎（今四川绵阳东南），加上瘟疫暴

> 发，刘敬宣只好撤军。
>
> 410年，谯纵曾帮助桓玄的从兄弟桓谦攻打荆州，不过被刘裕的三弟刘道规击退。此战过后，谯蜀实力大损，在三年后的413年被朱龄石消灭，谯纵自缢身亡。

后秦的覆灭

415年五月，刘裕非常孤独，因为他的好几位伙伴去世了，包括410年战死的何无忌、412年病逝的刘道规和415年被部下杀害的刘敬宣。

当然，刘裕的二弟刘道邻也值得信任，然而刘道邻的能力颇为不足。如今，刘裕能够信任和依仗的，便是谋臣刘穆之。此前，刘穆之力劝刘裕接任扬州刺史，这才有了刘裕之后的权臣之路。可惜，多病的刘穆之不能帮刘裕分担统帅之责。

416年二月，后秦君主姚兴去世，其子姚泓继位。刘裕意识到，这是讨伐后秦的绝佳机会，于是他开始了为期半年的准备行动。八月，刘裕留下刘穆之镇守后方，自己

率主力从建康出发，前往彭城。

在出发之前，刘裕已经派遣了三支先锋部队，分别从三路攻打后秦。西路的沈田子、傅弘之部，自雍州的襄阳出发，负责开通黄河流入汴水的航道；中路檀道济、王镇恶部自豫州的寿阳攻占洛阳，并协助西路开通汴水河道；东路的王仲德部从北青州的东阳（今山东青州市）出发，负责开通巨野泽流入黄河的航道。

刘裕在彭城等待这三路的进展，十月，中路和西路的部队便攻克了沿途的城池，不久更是攻克了洛阳，这两路将领都争强好胜，不再专心开通航道，转而进逼潼关和关中一带；而东路部队则轻易占据了被北魏将领放弃的黄河南岸据点滑台，继续开通航道。

其实中路和西路攻打潼关的行动，与刘裕原先的计划不符。刘裕原先计划是在攻克洛阳后，这两路的军队继续开通河道。这样的话，来年春天刘裕的大军就能从彭城走西边水路到达洛阳，否则刘裕只能选择走北边的泗水、渡黄河，这样就要被迫和北魏发生更大的冲突了。毕竟，王仲德部只有几千人马，北魏还感受不到太多威胁，而一旦自己数万大军渡河，北魏绝对不会无动于衷。

两晋南北朝

第五章 宋魏并起

这年年底,东路的王仲德部已经开通了黄河的航道,而西边的汴水因为中路和西路的军队正忙碌于战事,自然无法开通。417年正月,倍感无奈的刘裕率主力部队从彭城出发,选择了第二个方案:北上泗水、西进黄河。

北魏道武帝拓跋珪已于409年去世,此时是他的儿子拓跋嗣在位,是为明元帝。明元帝在得知滑台被占据后,就已经感觉到了威胁。

417年三月,刘裕主力开始渡黄河。此前刘裕派遣使者到了北魏的都城平城,表示自己只是借道往西边攻打后秦,无意北渡黄河冒犯北魏。明元帝也不想与刘裕有太大的冲突,但也不想被刘裕偷袭,于是派人在黄河北岸监视刘裕的军队。

三四月时正是黄河河水湍急的时候,风急浪大,时常会有晋军的船只被冲到黄河北岸。这时,北魏军队就会趁势打劫,杀死晋军、抢劫物资。被冒犯了多次后,刘裕也表示忍无可忍,于是他摆下了却月阵,大破魏军。自此,北魏军队再也不敢挑衅晋军了。

四月,刘裕渡过了黄河,他一边向早已缺粮的西路和中路军队运粮,一边令诸路进兵合围,气吞万里如虎的刘

裕大军横扫后秦。八月,王镇恶攻破长安,后秦国君姚泓投降,后秦自此灭亡。

却月阵

却月阵是刘裕发明的阵法,是古代步兵战胜骑兵的著名战例。当时,刘裕派遣部下猛士丁旿率领七百步兵,每七名步兵拖着一辆车,一百辆车沿着黄河南岸首尾相连,排成了一道弧形的车阵,犹如一道缺月。之后,刘裕又命朱超石率领两千士兵和一百张大弩,又准备好了长槊和大锤,再在车辆上端堆叠木墙形成壁垒,只等魏军来攻。

北魏统帅长孙嵩命骑兵强攻,但是却无法冲破壁垒。骑兵们只能下马破阵,然而晋军的长槊和大锤也在此时大显神威,晋军中一人持砍断的数节长槊,一人持大锤,配合之下,北魏将士被长槊扎死的不计其数。之后,晋军一路杀到了黄河北岸,阵斩魏将阿薄干。

思 考

（一）刘裕是靠什么逐渐在东晋崛起的？

第二节 刘宋兴衰

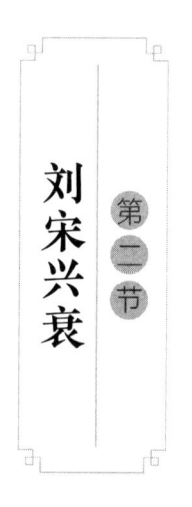

🌀 南朝第一朝：南朝宋

417年八月，后秦灭亡。刘裕在九月来到了长安，他来不及整顿长安，也没有多余的精力去消灭当时的如北魏、西秦、大夏等北方政权（西秦和大夏政权的兴亡始末，下文详述）。因为他很快得到了消息，为他留守后方的智囊刘穆之病逝。

刘穆之是刘裕此时唯一可以信赖且仰仗的人，如今刘穆之病逝，他只能选择撤军。因为出身寒门的刘裕在朝中根基不稳，并没有得到大族们的广泛支持，他如果不及时回去的话，朝局便难以掌控。当然，刘裕也不愿意轻易放

两晋南北朝
第五章 宋魏并起

弃北方,他任命第二子刘义真为雍州刺史,长史王修主持雍州的政务,王镇恶、沈林子、沈田子、傅弘之等名将则负责军事。

418年正月,刘裕的军队回到了彭城。这时,留守雍州的部队发生了兵变,沈田子袭杀了向来与他不和的王镇恶,随后沈田子被王修斩首。刘裕开始意识到:自己的决定是错误的。

这一年六月,刘裕在多番推辞之下,终于接受了宋公的爵位与九锡的赏赐。不过,刘裕更担心的是关中,毕竟他一离开,诸多北方政权对关中地带虎视眈眈。于是,刘裕在十月份派遣名将朱龄石去代替刘义真镇守雍州。然而让刘裕没想到的是,刘义真撤军之时居然劫掠长安,导致民怨沸腾。大夏君主赫连勃勃乘势攻打晋军,晋军一败涂地,关中就此失守,傅弘之、朱龄石、朱超石等将领都死于此战。

刘裕北伐的战绩就这么湮灭无存,还赔上了诸多名将和士兵。刘裕虽然心痛,但是他无暇顾及,因为他还得完成晋宋嬗代。毕竟出生于363年的刘裕,在418年已经五十六岁了,他需要处理自己的后事了。

418年十二月，在权臣之路走了多年的刘裕，终于对晋安帝司马德宗这位白痴皇帝下手了，他派琅邪王氏的王韶之毒死了晋安帝。遥想当年琅邪王氏的王导帮助司马睿建立东晋，如今琅邪王氏的王韶之却帮刘裕杀死了晋帝，可见此时的高门大族，是多么的虚伪与无力。

不过，刘裕并不忙着即位。因为当时有一句谶言"昌明之后有二帝"，昌明是司马德宗的父亲孝武帝司马曜的字，于是刘裕让司马德宗的弟弟司马德文即位，是为晋恭帝。当然，这一切都是形式，只是为了那句谶言。

419年正月，刘裕入朝，并从宋公晋爵为宋王。

420年六月，刘裕接受司马德文的禅让。在群臣欢呼之下，刘裕建立宋朝，即帝位，是为宋武帝。因后世还有宋朝（北宋和南宋），为了区分，史家多称其朝为南朝宋与刘宋。

宋武帝当然没有放过晋恭帝司马德文这个潜在的危害，他在421年九月派人杀死了他。曾经担任刘裕参军的陶渊明，便在此期间作了《咏三良》和《述酒》等诗，体现了他对刘裕篡晋、杀害晋帝的难言之情。

因此前魏文帝曹丕和晋武帝司马炎接受禅让后，并没有杀死末代汉帝刘协与末代魏帝曹奂，所以多有人认为宋

两晋南北朝
第五章 宋魏并起

武帝刘裕此举颇为残忍。其实，刘裕也有不得已的苦衷，毕竟他的根基完全不如曹家和司马家。当时的高门大族并不支持刘裕，而且司马家还有宗族在北方，而曹丕和司马炎即位时根本没有这些隐患。正因如此，刘裕要防止两位晋帝成为他人的旗帜。况且，曹丕的父亲曹操多有忤逆之事（如称公称王受九锡、杀贵妃与皇后），司马炎的先辈司马懿父子也有废帝弑君之举，只不过刘裕一个人完成了曹家两代和司马家三代的事情罢了。

宋武帝苦心至此，但是也没能防止刘宋初年的混乱。

422 年三月，宋武帝病重。同年五月，气吞万里如虎的宋武帝刘裕去世。其长子刘义符继位，是为宋少帝。

公爵与九锡

异姓公爵向来是将要篡位的权臣的配置，比如东汉末的曹操、曹魏末年的司马昭就是此类。曹操和司马昭虽然没有篡位，但是一般认为其称公、称王、加九锡、建立霸府等举措，都是在为称帝做准备工作。当然并不是所有权臣都会称公，如总摄蜀汉朝政

的诸葛亮，爵位不过是武乡侯。

九锡则是皇帝赐给大臣的九种特赐用物，据《礼记》记载，分别是车马、衣服、乐县、朱户、纳陛、虎贲、斧钺、弓矢和秬鬯。其中乐县是校对乐器的工具，朱户是朱漆大门，纳陛可能是特制的阶梯，秬鬯指祭奠时用的美酒。当然，九锡也是权臣专用，普通大臣根本不敢享用。

刘宋内乱

422年，宋武帝刘裕去世之前，给他的长子兼继任者宋少帝刘义符留下了四位托孤重臣，分别是徐羡之、傅亮、谢晦和檀道济。

这四位只有檀道济在之前的篇章里出现过，是刘裕部下中的名将，另外三位都是刘裕的幕僚。其中，徐羡之出身寒门，他在刘裕的智囊刘穆之死后接替了刘穆之，可见也是一位善于处理事务的人才；傅亮出自名门，算是刘裕手下比较会揣摩上意的人，是第一位领会刘裕准备禅代事业的大臣，可见是和刘裕相知的人；谢晦则出自陈郡谢氏，与叔叔谢混都以风华见称，谢晦称得上是陈郡谢氏在刘裕幕府中的代表人物，其人非常有谋略。不过，出于对高门的提防，刘裕在临终前特地叮嘱刘义符：其他三位都没有什么大碍，只有谢晦是有可能作乱的。

422年五月，年仅十七岁的宋少帝刘义符继位。这位年轻皇帝的表现并不让人满意，他在父亲丧礼期间还纵情声色、沉迷游戏享乐，完全不像一位合格的君主。不得不说，这和刘裕晚年得子且无暇教育子嗣是有很大关系的，刘裕本人虽然文化程度不高，但是其在个人修身上却非常节俭。可见，刘义符并没有继承到刘裕这方面的优秀品质。

在朝中的徐羡之、傅亮和谢晦等三人看到此番情形，自然揪心，于是他们准备另立新君。刘裕一共有七个儿子，年长的还有第二子庐陵王刘义真与第三子宜都王刘义隆。不过徐羡之等人并不准备立刘义真，刘义真此前曾在长安纵兵抢掠，之后又结交了许多文人和僧人，甚至声称他日要封谢灵运、颜延之等文人为宰相，封僧人慧琳为都督。徐羡之等三人位高权重至此，难免会有私心，于是他们决定拥立宜都王刘义隆。

424 年正月，徐羡之等人先下手为强，怂恿刘义符将刘义真废为庶人。之后，徐羡之等人又联合南兖州刺史檀道济和江州刺史王弘，军政两方面共同下手，于五月将刘义符废黜了。很快，刘义符和刘义真两兄弟都被处死了。

刘义隆当时还有荆州刺史的身份，担心被报复的徐羡之和傅亮有了好主意：他们在派人去荆州的治所江陵迎接刘义隆的同时，还让谢晦继任荆州刺史。如此一来，徐羡之和傅亮也算有了外援，以为可以高枕无忧了。

424 年七月，刘义隆从荆州出发。八月，刘义隆在建康继位，是为宋文帝。

宋文帝刘义隆自然对徐羡之等人的杀伐非常不满，当然他表面上还不能表现出来。所以，宋文帝一面优待徐羡之、傅亮和谢晦等人，一面开始积蓄力量，准备对付这三人。继位之后，宋文帝开始陆续提拔之前他在荆州时的僚属，文臣便是琅邪王氏的王昙首、王华等人，武将则有到彦之、朱容子等人，他们逐渐掌握了禁军。此外，因为檀道济并不是废杀宋少帝刘义符的主谋，所以宋文帝又拉拢了檀道济为外援。

426 年正月，宋文帝以弑君的罪名要治罪徐羡之、傅亮和谢晦等人。徐羡之闻讯后自杀，傅亮则是在被捕后处死。谢晦当时镇守荆州，本来想出兵反抗，但是听闻前来征讨的将领中有檀道济，顿时没有了信心。不久，谢晦兵败被擒，之后被处死。

仅仅过了不到四年，宋武帝刘裕留下的四位托孤大臣，已经有三位死于非命。

风华貌美的谢氏叔侄

谢混和谢晦都以貌美著称，谢混当时更是被推为江左第一，这也是他能被孝武帝司马曜选为女婿的原因之一。谢混和谢晦曾都站在刘裕面前，刘裕看到后，感叹道："一时顿有两玉人耳。"虽然刘裕后来杀了谢混，登基时也不由感叹，很遗憾没有让后生们见到谢混的风流。

南朝宋的王彧也以风姿俊美著称，但是早年见过谢混的人评价道："跟谢混一比，王彧如同农夫一般。"

元嘉之治

在南朝，宋文帝刘义隆算是一个比较有作为的皇帝。我们可以从历年颁布的诏书，观察他的政策作为。

426年五月，在除掉徐羡之等人后，宋文帝就下发诏令，大意是朝廷准备遣使巡行天下，以便考察地方官员的优劣，如果遇到执政和刑狱不公的，都要上报过来，可谓整顿吏治的大举措。宋文帝还规定年老、丧偶、孤儿及患重病的百姓可以向地方政府领取救济。另外，宋文帝还表示自己要广开言路，听取众人建议，希望诸多意见都能让自己看到、听到。

427年三月，宋文帝下诏，免除了家乡本年的税赋，并将判刑五年以下的罪犯赦免。同月，宋文帝听取富阳县令诸葛阐之的建议，不再在夏至日赐给大臣五色丝线等物品，倡导节约。

431年三月，宋文帝下诏，认为国家财政用度增加，物资供给不足，号召内外官员，厉行节俭。闰六月，宋文帝下诏，认为近年来农桑衰败，许多百姓难以求食，田地荒芜甚多，下令郡县长官设法劝勉农桑，效果好的上报。

两晋南北朝
第五章 宋魏并立

435年四月,宋文帝颁布诏书,深刻反省自己的罪过,让郡县推荐人才,以便让自己得到贤人的教诲。因当年许多地方暴发水灾,于是宋文帝在八月下诏,免收受灾郡县的各种拖欠税赋。

440年十一月,宋文帝下诏让多个州郡拖欠的租谷减半,当年没有收成的都给予赦免。对商人市场税的征调、年幼弱小之人的劳役等危害民众的政策,都下诏遵循法令办理,不能为了一时需要而违背百姓的意愿。

442年十二月,宋文帝下诏对孔庙进行营建。对于孔子家乡残破的学校,应该给予修缮。

凡此种种,宋文帝对天下的治理不可谓不用心,他重视农业生产、减轻百姓的赋税,努力把南朝宋的经济发展好。相比于之前的时代,宋文帝执政的元嘉(424—453)年间,至少前期的效果是很不错的,故而有了元嘉之治的美誉。

不过,宋文帝也有许多烦恼的事,他体弱多病,所以让四弟彭城王刘义康一起来处理朝政。久而久之,刘义康便大权在握了。

436年正月,宋文帝病重,不再朝会。刘义康见宋文帝不能理事,多有逾越的举动。比如刘义康经常将四方献

馈的物品先行挑选，剩下的再给宋文帝。除此之外，刘义康自认为和宋文帝是兄弟，许多事情都不避嫌，毫无君臣之分。其亲信刘湛更是嚣张，甚至想让刘义康登上帝位。之后宋文帝病愈，得知诸事后，自然对刘义康颇有意见。

440 年十月，宋文帝下令处死刘湛，刘义康也知道上意，上表外放为江州刺史。就这样，宋文帝才得以收回权力，主相之争告一段落。

445 年十一月，刘义康被告发谋反，于是宋文帝将刘义康贬为庶人，安置在成都，涉嫌拥立刘义康的大臣范晔和孔熙先等人都被处死。

447 年十月，豫章（治南昌，今江西南昌市）的胡诞世等人率众谋反、攻取郡县，并密谋拥立刘义康为帝。虽然这场叛乱很快被镇压，但是宋文帝对刘义康的忧虑又增加了。

451 年，北魏大军南下，朝廷形势严峻，宋文帝担心又有人会拥立刘义康，便命人将其杀死。

不难得见，元嘉后期的宋文帝在政治斗争中下足了功夫，在治理国家上也不见有多好的政策。此外，宋文帝素有大志，他对北魏的三次征伐，也让南朝宋的国力锐减。这些事情，我们在后文再做叙述。

两晋南北朝

第七章 宋魏并起

范晔

范晔（398—445），字蔚宗，顺阳（今河南淅川县南）人，是东晋孝武帝时名臣范宁之孙。范宁在东晋大兴儒学，颇有成效，范晔在家庭的熏陶下也是博览群书。范晔生性孤高疏狂，虽然官至禁军高级将领，但深感郁郁不得志，于是才有了谋立刘义康之事。事情败露后，范晔被处死，其子被株连，唯有其孙得以保全。

范晔撰写了叙述东汉一朝的史书《后汉书》，与司马迁的《史记》、班固的《汉书》、陈寿的《三国志》合称为前四史。《后汉书》被后世誉为良史，书中体现了范晔的儒家思想，在褒扬勤政爱民的君臣、赞美仗义执言的士人的同时，对奸佞邪恶之辈也厉行鞭挞。

思 考

（一）宋武帝刘裕死后，为何南朝宋会迅速爆发战乱呢？

第三节 魏平北方

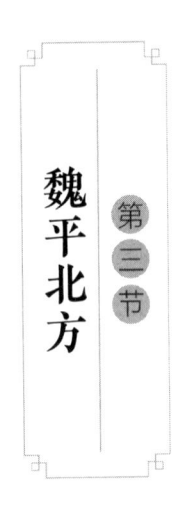

🌀 动乱的凉州

东晋十六国与南北朝时期时常在南北各自发生战事，故而在之前讲述东晋的章节无暇讲述北方的故事。这一节我们将目光移到北方，开始讲述十六国最后的几个政权的兴亡始末。

我们现在通行的十六国说法，一般是采用北魏史学家崔鸿《十六国春秋》里的记载。我们前面已经较为详细讲述过兴亡始末的政权有：前赵（汉赵）、后赵、成汉、前凉、前秦、后秦、前燕、后燕、南燕等九个政权。剩下七个分别是后凉、北凉、西凉、南凉、西秦、大夏和北燕。

这七个政权里，就有四个和"凉"有关，自然是在凉

两晋南北朝
第五章 宋魏并起

州地带割据的政权。我们便从凉州开始讲述这几个政权。前凉在376年被前秦的苻坚灭亡,383年苻坚又派遣大将吕光征讨西域,得到了名僧鸠摩罗什。不过淝水之战也在这一年爆发,苻坚战败,吕光乘势在凉州地区割据,一度占据凉州。吕光于386年自称大将军、凉州牧。389年称三河王,396年称大凉天王,正式建立了后凉政权。同苻坚一样,吕光也是氐人,他占据凉州后不久,凉州爆发了饥荒,谷价大涨,许多人因此死去。然而吕光作为政权首脑,即使当时他的粮仓充盈,"中仓积粟,数百千万",他仍然不愿意去赈济百姓。如此政权,怎么可能不遇到危机呢?

于是,凉州各地便有人起兵反对吕光的后凉政权。

397年,河西鲜卑秃发乌孤在湟中(今青海西宁市湟中区)起兵,卢水胡沮渠蒙逊在张掖(治永平,今甘肃张掖市西北)起兵。后凉的都城是姑臧,湟中在姑臧的南边,张掖在姑臧的西边,秃发乌孤和沮渠蒙逊分别攻打后凉,逐渐蚕食了后凉的领地。后凉的疆域日渐缩小,而秃发乌孤和沮渠蒙逊的地盘日渐增大。

秃发乌孤占据了凉州的南方,史称南凉政权;沮渠蒙逊则占据了凉州的北方,史称北凉政权。一般把397年作

为南凉政权和北凉政权开始的年份，其实直到402年，秃发乌孤的弟弟秃发傉檀才在兄长死后自称凉王，沮渠蒙逊则在412年才自称河西王、凉州牧。

400年时，凉州地区除了氐人吕氏的后凉、河西鲜卑的南凉和沮渠氏的北凉，还出现汉人李暠建立的西凉。李暠祖籍陇西成纪（今甘肃静宁县西南），据说是西汉名将李广的后裔。毕竟此时距离李广去世已经有五百多年了，这一说法我们暂且不作评价。不过李暠的后代中出现了比他更为知名的人物，那便是后来大唐盛世的开创者——唐高祖李渊和唐太宗李世民父子，当然这是后话了。

李暠为何能成为西凉君主呢？这其实和沮渠蒙逊的北凉有关，沮渠蒙逊虽然在397年起兵反对吕光的后凉，但是他最开始推举后凉大臣段业为首领，段业也确实在397年自称凉州牧，成为北凉政权名义上的奠基者。当时段业名义上的地盘越来越大，素有威望的李暠也被任命为敦煌太守。不过段业昏庸懦弱，对李暠是百般戒备，甚至派将士去监视他。于是，李暠在众人的推举之下，起兵自立，于400年建立了西凉政权，此后便与北凉对立。第二年，段业这位傀儡便被沮渠蒙逊杀害，北凉遂为沮渠蒙逊所有。

同时有四个凉州政权,可见凉州的混乱程度。一时之间,似乎谁也没法彻底消灭另外一个,这需要等着一位强大的对手前来破局,那便是后秦。

河西鲜卑与卢水胡

秃发乌孤所属的河西鲜卑,又称为秃发鲜卑,两晋时期一直在如今的甘肃、青海一带盘踞。秃发乌孤的祖上曾出过一位名为秃发树机能的首领,给西晋带来了非常大的麻烦。其实,秃发鲜卑和北魏的拓跋鲜卑祖上是同源的,秃发乌孤的祖先秃发匹孤就是拓跋首领拓跋诘汾的长子,后来才搬迁到河西、陇西一带。有学者认为,拓跋和秃发,只是音译的不同。

沮渠蒙逊所在的卢水胡,则属于匈奴部族。因为沮渠蒙逊的祖先曾经在匈奴担任过左沮渠的官职,所以便以官职为姓氏。不过卢水胡并不是单纯的匈奴人,应该是和月氏、羌族等融合过的部族。

后秦姚兴

399 年，后凉吕光去世。其后，后凉内部因为继承人问题内乱不断，外部除了南凉和北凉的蚕食，羌人姚兴的后秦也掺和进来了。

姚兴是后秦开国君主姚苌之子，是十六国时期一位优秀的政治家。姚苌在位时，姚兴便负责监国理政。394 年姚苌去世，姚兴继位。在内政方面，姚兴整顿吏治，颇有作为，文化上服膺华夏，复兴儒学，使得后秦逐渐强大。除此之外，姚兴还非常爱好佛学，一代名僧鸠摩罗什就是在他的治下，才得以专心从事译经事业。

在军事上，姚兴也是一位颇有作为的君主。在他继位的 394 年，姚兴便消灭了前秦的最后一位实权君主苻登，可谓是彻底击碎了苻氏复兴的梦想。之后前秦苻氏虽然还苟延残喘了几年，但已经完全不成气候。同年，姚兴还收服了在武功（今陕西武功县西）一带割据的前秦旧将窦冲。399 年，姚兴又派兵攻打东晋，把关中地区的诸多郡县都先后拿下，甚至攻下了旧都洛阳。

400 年，姚兴继续开拓疆土，他吞并了在淝水之战后

两晋南北朝

第五章 宋魏并起

割据秦州的西秦乞伏鲜卑政权，将后秦的领土向西开拓。

402年，姚兴与拓跋珪的北魏发生冲突，两国在柴壁（今山西襄汾县南十五里柴庄村）发生大战。拓跋珪毕竟在军事方面优于姚兴，吞并了后燕大部分领土的北魏在国力方面也不弱于后秦。最终，拓跋珪在柴壁之战击败了姚兴。因当时柔然入侵，拓跋珪被迫撤兵，没有继续扩大战果。

403年，姚兴自认已无法与北魏争雄，转而把目光盯向了后凉和东晋。这一年，姚兴消灭了后凉，也乘着桓玄内乱时期，乘势夺取了东晋十二郡的领土。不过如前所述，刘裕拨乱反正之时，姚兴又将这十二郡领土归还了东晋。

可以说，自396年前燕衰败、北魏壮大后，中原地带的三强无疑是后秦、北魏和东晋了。

后秦服膺华夏

在十六国的胡人政权中，身为羌人的后秦姚氏可谓是在服膺华夏方面做得最为踊跃的政权了。其表现有多个方面。比如后秦在官制上是遵循华夏传统，其高官为太尉、大将军、车骑将军等均沿用华夏官制，没有采

> 用胡人特有的"大单于"等称号；又比如后秦在兴盛儒学的同时也在努力建构符合儒家政治理念的君主形象，拥有崇尚节俭、虚怀纳谏、优礼大臣等品质。
>
> 从后秦在柴壁之战俘虏的北魏大臣贺狄干的经历可以窥探后秦的华夏化程度，贺狄干被软禁在长安期间，通读了《论语》《尚书》等典籍，他的举止风流很像一位儒者。以至于后来贺狄干回到北魏，拓跋珪"见其言语衣服，有类羌俗"，于是便杀害了他。可见，此时在拓跋珪的眼中，羌人的习俗已经可以等同于儒者了。

北燕与西秦

407年，是一个特殊的年份。这一年，后燕灭亡了；同样在这一年，十六国的最后两个政权北燕和大夏建立了。

后燕灭亡的直接起因，是后燕的末代君主慕容熙颇有暴戾荒淫之举，且过于滥杀，这导致朝野上下颇为哀怨。

两晋南北朝

第五章 宋魏并起

大臣冯跋发动了政变，杀死了慕容熙，另立慕容宝的养子慕容云为天王。慕容云原本是高句丽的旁支宗族，他继位后恢复了本姓，成了高云。高云在409年便被属下杀害，而平定事变的冯跋则被众人推为天王，国号仍为燕。史学家们一般认为：高云和冯跋的燕国和慕容垂建立的后燕并不是同一个国家，又因高云和冯跋在北方的龙城定都，故而这个新成立的燕国被后世称为"北燕"。

就在北燕建立两年后，原先被后秦消灭的西秦政权复国了。

西秦是由陇西鲜卑中的乞伏鲜卑建立的政权，同样属于十六国之一。陇西鲜卑自然是在陇西一带活跃的鲜卑，其中以乞伏部最为强大。前秦时，乞伏鲜卑的首领乞伏司繁是苻坚的下属，在如今的甘肃一带镇守，他死后，其子乞伏国仁继统部落。

苻坚败亡后，乞伏国仁在385年自称大将军，在勇士川（今甘肃榆中县）建都。三年后乞伏国仁去世，其弟乞伏乾归继位，自称大单于、河南王。不过，西秦国土面积狭小，地处后凉的南方与后秦的西方，无法拓土，最终于400年被后秦消灭。

409年时乞伏乾归乘着后秦衰弱之时，乘机逃回苑川，招集三万人马，再度建国。412年乞伏乾归之子乞伏炽磐继位，称河南王，迁都枹罕（今甘肃临夏市南）。414年十月，乞伏炽磐改称秦王，史称西秦。

高句丽

高句丽又名高句骊，该政权名最早见于班固《汉书·地理志》，这是一个由扶余人朱蒙在西汉玄菟郡高句丽县（今辽宁新宾满族自治县）内建立的政权，高句丽即为其国号。朱蒙出身扶余族，这也是我国东北的一个古老民族，发源地在如今的吉林省，其部族在西汉时期建立了扶余国，疆域大致在如今的朝鲜半岛北部与我国东北地区，国祚长达600多年，于494年被高句丽所灭。

西汉末年，高句丽迁都国内城（今吉林集安市西），而后逐渐壮大，强盛时期国境东临日北海，西抵辽河，北至松花江上游，南达汉江以北以及辽东半岛。427年时，高句

两晋南北朝
第五章 宋魏并起

> 丽迁都平壤,从此开启了它在朝鲜半岛争雄的时代。

大夏国

大夏政权与北燕同在407年建立,建立者为赫连勃勃。我们之前提到:赫连勃勃于418年打败了刘裕的儿子刘义真,占据了关中。现在,让我们叙述一下大夏的建国史。

赫连勃勃(381—425),原名刘勃勃,是匈奴铁弗部首领刘卫辰的儿子。在讲述北魏道武帝拓跋珪的建国史时,我们曾提到过刘卫辰。他虽然是拓跋鲜卑的女婿,但是和拓跋鲜卑有仇怨。391年,拓跋珪大败刘卫辰,刘卫辰在逃跑中被下属杀害。

刘卫辰之子刘勃勃侥幸逃出,年仅十一岁的他辗转逃到了鲜卑薛干部(又名叱干部)的领地。后来,刘勃勃又被薛干部的叱干阿利送到了前秦将军没弈于的领地。没弈于很赏识刘勃勃,还把女儿嫁给了他。之后,刘勃勃跟随没弈于投降了后秦姚兴。

刘勃勃长大后,身材魁梧,身长八尺五寸,仪表俊美。

姚兴非常赏识刘勃勃，经常和他讨论军国大事。约402年，姚兴派遣刘勃勃去匈奴铁弗部经营朔方（今内蒙古河套一带），封他为安北将军，还交给他许多鲜卑及杂虏部落。刘

两晋南北朝
第五章 末魏并起

勃勃本身颇具人格魅力，又依靠父祖的余威，身边很快聚集了许多将士。他准备等待时机壮大匈奴铁弗部，甚至建立自己的政权。

407年，姚兴遣使者向北魏献上了良马千匹，为了赎回在柴壁之战中被俘虏的大臣。与刘勃勃有世仇的拓跋珪一直想离间匈奴铁弗部与后秦的关系，顺势答应了姚兴的请求，并派使者出使长安。刘勃勃见后秦和北魏已经交好，便决意叛变。刘勃勃是一个寡情少恩之人，他并不感激姚兴对他的照顾，还派人劫掠了柔然送给后秦的八千匹马；然后，他居然又率军袭杀了自己的岳父没弈于，吞并了没弈于的部众。

就这样，已经有数万兵马的刘勃勃于407年六月自称大夏天王、大单于。之所以用夏为国号，是因为刘勃勃认为自己是夏朝的苗裔。虽然刘勃勃的世仇是北魏的拓跋鲜卑，但是他为了扩充自己的势力，还是首先将目标瞄准了他熟悉的后秦——那个对他颇有恩德的后秦。

此时的后秦已经走向衰弱，刘勃勃决定利用大夏国风驰电掣的骑兵部队，采用游击战术来壮大自己的势力。自407年建立大夏，刘勃勃在不到十年的时间里，先后消灭后秦军队将近十万人，抢掠人口两万多户。当势力进一步增大时，刘勃勃决定不再游击四方，于413年三月在朔方水北、黑水之南，建立统万城（今陕西靖边县北白城子无定河北岸）。

另外，刘勃勃认为自己的刘姓是祖先跟从母亲而姓，于是改姓赫连，理由是"帝王系天为子，其徽赫与天连也"。就这样，刘勃勃成了赫连勃勃。417年刘裕灭亡后秦时，赫连勃勃已经占据了后秦北方的许多土地。刘裕北伐后回到东晋，赫连勃勃则击败了刘裕留下的部队，并于418年占据了长安。同年，赫连勃勃称帝。此时大夏国的疆域颇为辽阔，包括如今陕西渭水以北、内蒙古河套地区、山西西南部及甘肃东南部。

这一年，是赫连勃勃和大夏国发展的顶峰。

北魏的铁蹄

这一节，六个之前没有交代结局的十六国政权——南凉、北凉、西凉、西燕、北燕和大夏都将在这里结束。

第一个被消灭的是南凉政权，南凉政权本来就弱小，秃发傉檀在404年曾一度向后秦称臣，自动去掉了年号。不过，秃发傉檀并不是不想扩大疆土，只是权宜行事，是想借助后秦的庇护更好地对付北凉，以便获取更多的凉州

地盘。他也确实在406年击败了北凉,获取了不少利益。408年,秃发傉檀趁势攻打逐渐衰弱的后秦,再次自称凉王。然而好景不长,南凉虽然和西凉结盟,但是一度在与北凉的作战中失败,再加上内部的叛乱与饥荒,南凉的形势变得非常不乐观。然而,秃发傉檀还是不停地发动战争,和后秦、西秦也交战不断,更是加速了南凉的衰落。414年,西秦的新任君主乞伏炽磐趁秃发傉檀外出征战之际,袭击南凉都城,南凉就此灭亡。

第二个被消灭的是西凉政权,西凉政权的寿命很短,自李暠在400年建国,他先后向后秦与东晋纳贡,还一面与南凉结盟,另一面则与北凉对峙。不过北凉的沮渠蒙逊实力颇为强大,连年侵扰西凉领土。为此,李暠曾与沮渠蒙逊签订盟约。不料在410年,沮渠蒙逊便背盟来攻,李暠派兵击退了北凉军队,保得了几年的太平。417年,李暠去世,其子李歆继位。虽然李歆在继位初期击退了北凉的进攻,然而他却沉溺于享乐,不仅大修宫殿、骄奢淫逸,更是对百姓严刑峻法,这让西凉境内人心惶惶。420年,李歆本想乘着沮渠蒙逊征伐西秦之时袭击北凉,不料在御驾亲征途中被狙杀。421年,沮渠蒙逊又攻灭了李歆之弟

两晋南北朝

第五章 北魏开起

李恂，西凉自此灭亡。

第三个被消灭的是西秦政权。西秦新任君主乞伏炽磐是乞伏乾归之子，于412年继位，并于414年消灭了南凉。417年，西秦见周边慕容鲜卑建立的吐谷浑政权日渐强盛，便开始与吐谷浑、北凉两线交战，取得了相当不错的战果。不过，426年，在与大夏国的接连交战中失败，让西秦的形势急转直下。428年五月，乞伏炽磐去世，其子乞伏慕末继位，开始重用本族子弟，这与乞伏炽磐在世时重用汉人豪门和俊杰之士的情况颇为不同，由此动乱频生。到了430年，西秦不仅内乱不断，许多将领还先后投靠了大夏国和吐谷浑；外部还接连败于北凉和大夏，乞伏慕末能控制的地盘少之又少。431年，乞伏慕末又遭遇了夏主赫连定的攻打与内部的饥荒，只好出降，西秦就此灭亡。

第四个被消灭的是大夏政权，虽然赫连勃勃在418年击败东晋、攻取长安并称帝，但是他并没有把长安作为都城。原因是赫连勃勃并不认为距离较远的东晋政权是祸患，他最担心的是作为世仇的北魏，所以他还是决定定都统万城。于是，赫连勃勃让太子赫连璝镇守长安，自己仍然去了统万城。420年，赫连勃勃将统万城的四个城门分别命

名为招魏、朝宋、服凉、平朔，显示出他对外扩张的野心。然而，424年，赫连勃勃想要废黜太子赫连璝，这一计划让大夏国发生了内乱；第二年赫连勃勃去世，更是让大夏国由盛转衰。新主赫连昌无法对抗北魏的攻击，接连败北。大夏的长安、统万城接连被北魏攻下，赫连昌也在428年被北魏俘虏。虽然赫连昌的弟弟赫连定随后称帝，还于431年消灭了日暮西山的西秦政权，但也挽救不了大夏国的颓势。431年六月，赫连定在攻击北凉的路上被归附于北魏的吐谷浑军队击败，在战乱中被俘获，赫连勃勃建立的大夏国就此灭亡。

北燕和北凉都是由北魏政权消灭的，自拓跋珪在397年大败后燕、398年迁都平城后，北魏逐渐走向强盛。拓跋珪主要是与北边的柔然与西方的后秦作战，前面我们也提到，他在柴壁之战中成功挫败了后秦，势力更为强大。不过，拓跋珪在409年被次子拓跋绍杀害，其长子拓跋嗣诛杀拓跋绍，即位称帝，是为明元帝。明元帝在位时，曾在刘裕去世后与南朝宋交战，虽然攻下了不少城池，不过结果也大多是险胜。

423年，明元帝拓跋嗣去世，其子拓跋焘继位，时年

两晋南北朝
第五章 宋魏并起

十六岁,是为太武帝。太武帝拓跋焘立志平定北方,先是消灭了世仇大夏国。其间也与柔然作战,大破强敌。432年六月,太武帝出兵讨伐北燕,取得了丰硕战果。接着,太武帝连年攻打,北燕接连挫败,甚至连北燕的三位皇子都投靠了太武帝。最终,太武帝在436年成功攻下了龙城(今辽宁朝阳市双塔区),北燕皇帝冯弘跑回了高句丽,之后被高句丽王杀害,北燕就此灭亡。

北凉的厄运来得晚了几年,因为它一度向北魏称藩。不过北魏太武帝在得知北凉君主沮渠牧犍还在向柔然示好时,便下决心消灭北凉。439年,北魏消灭北凉,统一了北方。

至此,北方的十六个割据政权,已经全部消亡。

从此,南北对立的南北朝开始了。

❈ 思 考 ❈

(一)十六国的政权都有哪些?还有哪些政权没有算进十六国之中?

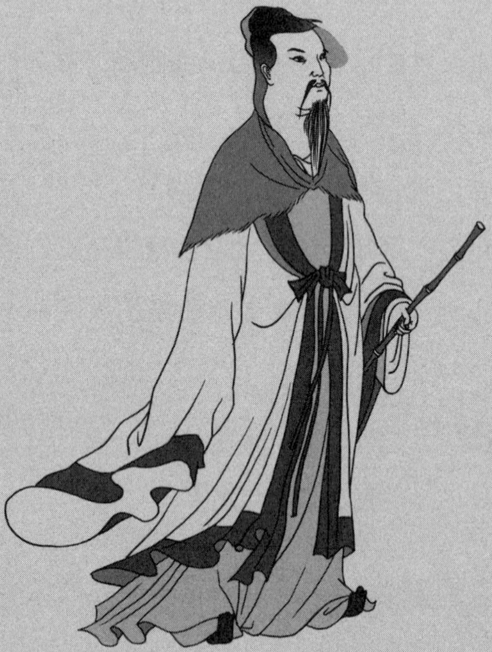

第六章

南北对峙

452年六月，听闻北魏发生政变的宋文帝刘义隆，发动了他的第三次北伐。这一次北伐虽然没有如上次那样惨败，但几乎也算是无功而返，白白耗费了国力。

第一节 北魏改革

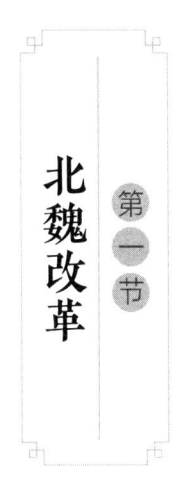

"元嘉草草,封狼居胥,赢得仓皇北顾"

南北朝的开始时间,一般认为是刘裕建立南朝宋的420年。不过此时北魏尚没有统一北方,彼时十六国的西秦、大夏、北燕、北凉四个政权都还在。直到439年北魏统一北方,东晋十六国时代才算彻底结束。

我们上章讲述元嘉之治时说到,宋文帝刘义隆素有大志,他对北魏这个强敌一直很忧虑,执政期间一共发动了三次北伐,我们这里先讲前面两次。

宋文帝刘义隆的第一次北伐,起因是北魏明元帝拓跋嗣在刘裕死后多次入侵南朝宋,并夺取了不少地盘。429

年，宋文帝趁着北魏与北方诸国大战时，向北魏皇帝太武帝拓跋焘索取之前的城池，得到的回复自然是否定的。于是，宋文帝在430年四月派遣大将到彦之出兵，不久便收复了多个重镇。然而北魏谋臣崔浩看出到彦之的兵力过于分散，于是建议魏军强力反攻。果然，到彦之遭遇大败，只得撤退。在到彦之大败之前，宋文帝已派遣名将檀道济参与北伐。然而当檀道济到达战场时，宋军已然大败。檀道济只能前往各处救援，深明军事要领的他虽然多次击败魏军，但因粮草不济，最终只能选择撤军。为了防止魏军追击，檀道济用了"唱筹量沙"的计策，也就是把仅存的米放在沙子上，做出粮草充足的假象。就这样，檀道济缓慢撤军，魏军畏惧檀道济的勇名，不敢追击。

南朝宋参与北伐的两员大将，到彦之原本便是宋文帝刘义隆任职荆州时的部将，深得宋文帝的信任，檀道济是刘裕时期的宿将，宋文帝对他颇为忌惮。檀道济其人，是此时唯一在世的刘裕的托孤大臣，在军事上颇有才能，名声更是威震北魏。檀道济的诸位儿子都颇有才气，心腹部将薛彤、高进之更是勇力过人，时人都把他们比作汉末三国时的关羽、张飞。故而，在第一次北伐失败后，刘宋国力受损，宋文帝担心自己难以制衡檀道济，开始计划除掉这位宿将。

435年，宋文帝刘义隆病重，将江州刺史檀道济召入朝廷。436年三月，宋文帝以交结凶人、意图谋逆的罪名将其捕杀，连同一起处死的还有檀道济的儿子们与薛彤、高进之等部将。檀道济被捕时，大叫道："乃复坏汝万里长城！"檀道济以刘宋的万里长城自喻，并不算吹嘘。事实上，当北魏得知檀道济被杀后，高兴地说："道济死，吴子辈不足复惮！"

宋文帝在第一次北伐损失国力后，再一次北伐已经是二十年后了。

450年二月，北魏兵犯刘宋，不过并没有攻下多少领地，没过多久便撤军了。当年的七月，宋文帝刘义隆不顾群臣反对，坚持倾尽全国之力进行北伐。此时名将到彦之已经去世多年，于是宋文帝派遣江夏王刘义恭为统帅，西路军由柳元景、薛安都率领，中路军由臧质率领，东路军由王玄谟率领。西路军虽然收复了多地，但是东路和中路遭遇大败。宋文帝见势不妙，下令撤军。然而，仓皇失措的刘宋部队遭遇了北魏的追击，刘宋在长江以北的州郡均

遭到了北魏的攻击，军队溃不成军，百姓流离失所，城池也被破坏殆尽。

北魏太武帝拓跋焘亲自率军追击刘宋军，一路追到了

两晋南北朝

第六章 南北对峙

瓜步山（今江苏南京市六合区瓜埠山），宗室名将拓跋那则率军到了长江北岸的广陵。北魏军队大有饮马长江之势，幸好北魏军队不擅水战，被刘宋的水上援军阻击。拓跋焘见

形势不妙,军中又遭遇疾疫,只能选择撤军。

第二次北伐,南朝宋的损失极大,士兵死伤无数,还有许多百姓被掳掠至北方,国力大损。这便是南宋词人辛弃疾在《永遇乐·京口北固亭怀古》中所说的"元嘉草草,封狼居胥,赢得仓皇北顾"。

檀道济与《三十六计》

论起《三十六计》这本书,许多人往往会把它和《孙子兵法》联系到一起,甚至有人说《三十六计》的作者是南朝宋名将檀道济。究其原因,是因为檀道济在北伐时曾运用"唱筹量沙"之计撤兵。后来南朝齐名将王敬则说"檀公三十六策,走是上计",便是指的此事。我们日常说的"三十六计,走为上计",也是出自这个典故。

事实上,《三十六计》只是一本民国时才出现的兵书,内容和檀道济没有关系。这本书的作者不详,其内容深度也完全不能和《孙子兵法》相提并论。

崔浩与国史之狱

这一小节我们来了解一下北魏的国史之狱，主角是北魏大臣崔浩。

崔浩（381—450），字伯渊，清河东武城（今河北故城县西南）人。其出身清河崔氏，可谓河北大族。崔浩的祖上崔林曾在曹魏担任司空之职，父祖则先后在后赵、后燕、北魏等国任职。崔浩自幼博览经史，深知百家之术，可谓上通天文、下晓地理，是一位难得的全才。

崔浩生于381年，年轻时曾在道武帝拓跋珪身边任职，多受宠信。409年，明元帝拓跋嗣继位，崔浩便陪伴其讲授经书。

415年，北魏都城平城遭遇灾荒，大臣建议迁都邺城。不过崔浩却认为迁都会让北边的柔然等更容易侵犯北魏的北境，不如让部分贫困的农户到其他州就食，等待第二年丰收。果然，在崔浩的建议下，北魏渡过了难关。

416年，刘裕北伐后秦，第二年开始渡过黄河，并向北魏借道。这时许多大臣认为应该阻止刘裕，崔浩却认为应该先放刘裕入关，趁他们回军之时再进行堵截。这一次

明元帝拓跋嗣没有听从崔浩的建议，如前所说，北魏的军队被刘裕的却月阵大败。几年后，刘裕去世，明元帝再次不顾崔浩的建议坚持南征刘宋，最终以惨胜告终。

423年十一月，明元帝拓跋嗣去世，其子太武帝拓跋焘继位。崔浩是一位大战略家，之前对后秦、东晋、刘宋局势的判定都是非常准确的。之后太武帝在攻打大夏、柔然、北燕、北凉等政权的决策上，也是不顾他人反对，多次听从了崔浩的见解。当然，拓跋焘本人的能力也是极为重要的。无论如何，因为崔浩高超的战略能力，北魏日益强大，统一了北方。

太武帝拓跋焘非常看重崔浩，曾经指着崔浩对新降的高车部的渠帅们说："你们别看这个人身形羸弱，不能弯弓持矛，但是胸中所怀比甲兵厉害。我每次征讨有不能决断的问题，都找他请教，这才有了如今的胜利。"

然而，从崔浩以往的行为不难看出，他虽然很有谋略，但是经常与同僚、君主的意见相左。除此之外，他在汉人与鲜卑人的立场上，明显偏向于汉人，他甚至提议让部分汉人大族成为诸侯，显然引起了许多鲜卑贵族的不满，同时，也为他日后的悲剧下场埋下了伏笔。

两晋南北朝

第六章 南北对峙

439年十二月,太武帝命令崔浩和高允、张伟等人修撰国史《国记》,崔浩负责总领《国记》大纲。450年,《国记》完成之后,崔浩听从亲信闵湛、郗标的建议,将完成后的《国记》刊刻在石头上,展示于碑林之中。

然而,正因为崔浩的秉笔直书,将拓跋家早年的历史都直接记录了下来(比如可能包括前面章节谈到的拓跋珪同时身为拓跋什翼犍的孙子与继子之事),不免引起了鲜卑贵族的愤怒。这些贵族指责崔浩故意张扬拓跋家的短处。太武帝拓跋焘自然也是愤怒不已,他又联想到此前崔浩的种种言行,于是下令诛杀了崔浩,参与修撰国史的人都被处死,史称"国史之狱"。在众多修史人员中,只有身为太子拓跋晃老师的高允保得性命。

450年六月,满腹才略的崔浩被押送至平城南郊处死。在路上,几十名士兵往他头上撒尿,一代名臣却落得如此结局,着实令人唏嘘。

平城时代

自拓跋珪在398年定都平城,到494年迁都洛阳,将

近一百年的时间都是以平城作为统治中心，故而这一段时间可称作北魏平城时代。

太武帝拓跋焘生于408年，他没能见证平城时代的结束。事实上，统一北方的太武帝在崔浩死后不到两年，也就是452年三月便被宦官宗爱杀害。

史书称宗爱弑君的原因，是太武帝发现了宗爱进谗言害死太子拓跋晃的真相。其实太武帝杀死拓跋晃的真实原因，是拓跋晃作为太子监国以来，权力日渐增大，进而父子矛盾加剧，这直接导致拓跋焘先是撤销了拓跋晃的监国之权，之后更是设计擒拿并处死了拓跋晃，与宗爱并没有多大关系。

在众多大臣看来，拓跋焘的继承人有两位人选，一位是秦王拓跋翰，另一位是先太子拓跋晃的儿子拓跋濬。不过，宗爱和拓跋翰关系并不好，他密谋将这些大臣杀掉，转而立了拓跋焘的另一个儿子南安王拓跋余。宗爱因拥立之功，不仅权倾朝野，竟然还以宦官的身份得封王位。

452年六月，听闻北魏发生政变的宋文帝刘义隆，发动了他的第三次北伐。这一次北伐虽然没有如上次那样惨败，但几乎也算是无功而返，白白耗费了国力。

两晋南北朝
第六章 南北对峙

北魏虽然击退了刘宋的进攻,但是内乱并没有停止。452年十月,继承帝位的南安王拓跋余夺权不成,反被宗爱杀害。不过这次宗爱没有继续嚣张下去,大臣们发动兵变,拥立了原太子拓跋晃之子拓跋濬为帝,是为文成帝,宗爱一党也随之被诛杀。

> **太子监国制度**
>
> 北魏的太子监国制度始于明元帝拓跋嗣,拓跋嗣听从崔浩的建议,于422年五月立当时只有十五岁的拓跋焘为太子,并给予监国的权力。太子监国的制度一方面可以让继承人提前熟悉国事,另一方面则更为重要,那就是保证父子相承的制度,改变部落联盟中历来"兄终弟及"或者"推举首领"的惯例,比如道武帝拓跋珪就和从兄弟卫王拓跋仪有过权力争斗。
>
> 太武帝拓跋焘在位时,也让太子拓跋晃于439年监国,这才逐渐导致了悲剧的产生。其实,拓跋嗣设立太子监国制度,还有一条

> 重要的原因是拓跋嗣自身身体状况不佳,所以才担心后事问题;而拓跋焘身体状况并无问题,本身权欲颇大的他,提前让太子监国,确实是不够明智的,这也导致了拓跋晃的悲剧。

乳母干政

文成帝拓跋濬是原太子拓跋晃之子,生于440年,于452年十月继位,此时年方十三岁。拓跋濬的生母郁久闾氏在拓跋濬继位的一个月后莫名死亡,朝政便落入了拓跋濬的乳母常氏手中。

乳母之所以能够掌权,归因于北魏的"子贵母死"制度。母亲早逝,但是孩子还是需要人抚养的,这样一来其乳母和保母自然成为继承人最为亲近的人。比如太武帝拓跋焘的保母窦氏便因子贵母死制度受益,拓跋焘于423年继位,窦氏在425年三月便被尊为保太后,于432年正月被尊为皇太后。

文成帝拓跋濬的乳母常氏在拓跋濬还在襁褓之时便抚

两晋南北朝

第六章　南北对峙

养他,不仅如此,常氏还在拓跋濬父亲拓跋晃死后的时光里,倾力保护拓跋濬,这也是史书中说的"有勋劳保护之功"。文成帝继位后,常氏手握大权。文成帝的生母郁久闾氏则在此时莫名死亡,很可能便是常氏利用北魏的"子贵母死"制度处死的。

454年七月,文成帝的后宫李氏生下长子拓跋弘。常氏为免李氏夺得权力,于456年正月用"子贵母死"的制度将李氏处死。常氏之所以如此着急,是因为她要扶持后宫的冯贵人成为皇后。同样在正月,冯贵人被封为皇后。二月,拓跋弘被立为太子。

冯贵人生于441年,被立为皇后时年方十六岁。她原本是北燕王族,因罪入宫,常氏选择家族没落的冯贵人为皇后,自然是为了方便控制。

460年四月,常太后去世。常太后去世时,文成帝自然非常伤心,他下诏命令北魏境内要哀悼三日,给常太后的谥号则是"昭"。

子贵母死制度

北魏残忍的子贵母死制度,起源于道武

> 帝拓跋珪。拓跋珪起家之时，拓跋珪的母亲及其所属部落贺兰氏发挥了巨大的作用，不过这也使得他对母族怀有极高的警惕性。为此，拓跋珪在准备立明元帝拓跋嗣为继承人之前，便处死了拓跋嗣的生母刘氏。
>
> 虽然拓跋嗣因为这项残忍的制度失去了母亲，但是他为了保证继承人的权力，在立拓跋焘为太子之前的两年，也处死了拓跋焘的生母杜氏。拓跋焘的太子拓跋晃出生当年，其母贺氏便莫名死去，可能也是因为这个制度。其后，北魏多位继承人的母亲都因这个制度死亡，不免令人哀叹。

文明冯太后

465年五月，年仅二十六岁的文成帝拓跋濬去世，其子拓跋弘继位，是为献文帝，时年十二岁。此时，常氏在朝中的盟友乙浑控制了朝政大权，先后杀害了多位王公贵族。466年，乙浑甚至杀死了曾拥立文成帝继位的大臣陆丽。

面对如此混乱的朝局,已经成为太后的冯氏站了出来,她联合拓跋家的宗室,处死了乙浑,开始了她的第一次临朝听政。不过,冯太后的第一次临朝听政并没有持续太久,在第二年的九月便还政给拓跋弘。当然,冯太后不一定是心甘情愿还政的,因为她和拓跋弘的关系并不算和谐。献文帝拓跋弘于467年亲政,这一年他十四岁,而冯太后也只有二十七岁。亲政后的献文帝在470年处死了冯太后在朝中的盟友李奕一家,这引起了冯太后的忌恨。

471年八月,献文帝莫名其妙地宣布,将皇位传给其子拓跋宏,自己则成为太上皇帝。这一年,拓跋宏年方五岁,是为孝文帝。孝文帝的母亲李夫人也早在此前因子贵母死制度死亡,孝文帝是由冯太后抚养长大的。当然,这时候的冯太后已经成为太皇太后,为了行文方便,我们仍然称呼她为冯太后。

476年六月,太上皇帝拓跋弘被冯太后毒死,此时的孝文帝拓跋宏才十岁。从此,冯太后彻底掌握了朝堂大权,开始了属于她的平城时代。

冯太后是一位优秀的政治家,在为政方面有多条举措。

冯太后在第二次临朝听政之初的476年，便于八月和十月两次发布了求贤纳谏的诏令，表现了一位政治家谦虚的姿态。在执政的前五年，冯太后还先后颁布了七次赦免诏令，主要是为了缓和社会矛盾和改善统治环境，也是为了争取朝臣们对她的支持。

在农业生产方面，冯太后明确要求地方长官实行简徭役、劝农桑的措施。为了保证这些劝农措施的实行，冯太后还经常派遣使者巡查地方，监察这些农业措施的施行效果。冯太后执政早期，即477年三月就曾下诏，让百姓们可以分到田地，保证其基本的生活。

485年，冯太后又颁布了均田令，进一步保证百姓们有足够的耕田。具体规定为：十五岁以上的丁男四十亩，丁女二十亩；家中每多一头牛多给三十亩田，以四头为上限；第一次得田的，丁男另外给二十亩桑田，可种麻的另给丁男十亩麻田、丁女五亩麻田。桑田麻田不用还给朝廷，耕田则在七十岁或死后还给朝廷。

均田令在帮助普通百姓的同时，也打击了那些占领土地的豪强们。百姓们有了这些田地，自然可以向朝廷纳税，而不用选择租用豪强的田地替豪强卖命。长此以往，国家

两晋南北朝

第六章 南北对峙

的赋税增多，自然也就强大起来。

当然，农业生产并不能保证风调雨顺。在北魏遭遇水灾、旱灾之时，冯太后会一边减少租税，一边开仓赈济灾民，可见的诏令下达十多次。为了保证赈灾措施的有效实施，冯太后也会派遣使者前往地方亲自主持工作。

对于北魏的年老者，冯太后也有不少优待措施，包括赐予衣物、免除老人独子的徭役等。除此之外，冯太后还会对因为孤贫、疾患无法维持生活的人给予赐物和优待措施，可谓是尽到了一位统治者良好的社会职责。

北魏初年的道武帝拓跋珪与太武帝拓跋焘等人，都可谓杀伐果断的君主，故而北魏刑法也向来以严酷著称。面对这样的严刑峻法，冯太后进行了多次改革，改善了北魏暴力政治的状况，比如减少了大罪的株连范围、减免了重罪的刑法等。

冯太后这些良好的措施，让北魏的经济得到良好发展，可谓功莫大焉。490年九月，冯太后去世，时年五十岁，谥号文明，所以后世多称她为文明冯太后。

鲜卑汉化

486年正月,二十岁的孝文帝拓跋宏开始"服衮冕,朝飨万国",并主持了西郊的祭天仪式。可以说,虽然此时冯太后仍然掌权,但是孝文帝已经独立听政了。

冯太后虽然把孝文帝抚养长大,但还是对这位皇帝有戒心。当冯太后看到孝文帝颇为聪慧时,担心他亲政后会不利于冯家人,曾经谋划废黜他,甚至还让孝文帝在冬天着单衣绝食三日。幸好大臣们强谏,孝文帝才幸免于难。不过孝文帝并没有记恨这位抚养他长大的祖母,这可能也是冯太后后面逐渐让他亲政的原因之一。

490年九月,冯太后去世,孝文帝开始施展他的抱负,农业、法律、经济方面的措施我们暂时不多讲,毕竟孝文帝比较良好地延续了冯太后在世时的政策。我们主要讲一下他的汉化改革。

孝文帝从小受冯太后的教导,冯太后虽是北燕人,但是北燕的创建者冯氏本来是鲜卑化的汉人,汉文化对她影响颇深。从冯太后在北魏实行的制度来看,无论是让国民受田耕种,还是大兴文教事业,都与之前崇尚武力的道武

两晋南北朝

第六章 南北对峙

帝、太武帝不同。孝文帝也深受冯太后影响,故而在冯太后去世以后,孝文帝也立志将冯太后的事业进行下去。孝文帝需要做的第一步,便是结束北魏的平城时代,迁都洛阳。

为何迁都洛阳就能实行汉化呢?其一,北魏的都城平城距离南齐(此时南朝宋已被南齐取代,详情下节详述)的边界长江、淮河过于遥远,不便于作战;其二,洛阳先后为中原大朝东周、东汉、曹魏、西晋的都城,汉文化氛围更为浓厚。

493年八月,孝文帝假借征伐南齐之名,率军出征,九月便到达了洛阳。因为此前众臣都不同意南征,于是孝文帝在洛阳驻足下来,给了群臣两个选择:继续南征还是迁都洛阳。就这样,494年孝文帝成功迁都洛阳,结束了北魏的平城时代。

当然,迁都洛阳只是孝文帝汉化改革的第一步,接下来的几年,他施行了多方面的改革措施:

其一,在洛阳设立国子监和太学,让贵族子弟前来入学,弘扬儒教;

其二,禁止百姓与大臣穿胡服;

其三,禁止众人说鲜卑语,而都说中原官话,年纪大

的可以缓缓改变，年轻人必须得改，否则便要降罪；

其四，已经迁来洛阳的人，原则上死后都应葬在洛阳，如果丈夫已经在北边安葬，妻子才能葬回北边。

在这几条中，第三条无疑会引起很大的反响，但是在孝文帝的坚持下，还是逐渐施行开来。如果说前面几条改革对鲜卑等部族算是精神的坍塌，那么孝文帝在496年正月宣布的改革措施可谓精神的摧毁——改变鲜卑人现有的姓氏！

作为北魏皇室的拓跋氏，统一改为元氏。至于其他姓氏，不妨以鲜卑八姓为例进行阐述。鲜卑八姓分别是原来的丘穆陵氏、步六孤氏、贺兰氏（贺赖氏）、独孤氏、贺楼氏、勿忸于氏（万忸于氏）、纥奚氏和尉迟氏，汉化后的姓氏分别是穆氏、陆氏、贺氏、刘氏、楼氏、于氏、嵇氏和尉氏。这样一来，之前北方的那些汉人高门，比如清河崔氏、范阳卢氏、荥阳郑氏和太原王氏这四大姓就无法在鲜卑人面前高人一等了。也就是说，北魏也有了自己的门阀。

从事后看，孝文帝拓跋宏——不，现在应该叫元宏的改革措施是非常明智的，他将南朝的许多制度照搬过来，再通过鲜卑改姓，无疑加速了鲜卑与汉族的融合。但是当时许多人表示反对，甚至包括自己的儿子。不过，元宏改

两晋南北朝

第六章 南北对峙

革的意愿非常坚决，他强顶住压力，将这一汉化改革彻底实施下去了。

499年四月，孝文帝元宏去世，年仅三十三岁。

❀ 思 考 ❀

（一）宋文帝一共对北魏发动过几次北伐？分别是在什么时候？

（二）冯太后颁布均田令的目的是什么？

（三）孝文帝的汉化改革，主要在哪些方面？

第一节 兰陵萧氏

残忍的内斗

南朝宋自从经历三次北伐的失败后，国力日渐衰退。宋文帝刘义隆的元嘉之治也进入尾声，不再有多少政绩可言。

和父亲宋武帝刘裕拙劣的家教水平相比，宋文帝的家教更堪忧。毕竟宋武帝的儿子们最多算是沉迷酒色、贪图权力或者能力不足，宋文帝的儿子们则不同：宋文帝的长子刘劭沉迷于巫蛊之术，次子刘濬品行低劣。然而宋文帝知道这些事情后，却选择原谅了这两个儿子。不过当宋文帝意识到这两个儿子屡教不改，准备惩罚他们时，这两个

儿子已经谋划弑父了。

453年二月，刘劭率军杀入禁宫，杀死了亲生父亲刘义隆。随后，刘劭称帝，史称元凶邵。刘劭之所以被称为元凶邵，是因为他在短短的两个多月里杀害了许多大臣和宗室，比如他仅仅因为五叔刘义恭出逃，便杀死了刘义恭的十二个儿子，实在是过于残暴。他是揭开刘宋宗室自相残杀序幕的元凶。

当得知刘劭弑父篡位后，当时任职江州刺史的宋文帝第三子武陵王刘骏便起兵反抗刘劭。刘骏还向天下发表了征伐元凶邵的檄文，许多宗室和地方大臣接连响应。四月，刘骏便在建康城南的新亭即位，史称孝武帝。五月，众多军队攻破了建康的台城。

论残暴，孝武帝刘骏比元凶邵也不遑多让。台城攻破后，刘骏不仅杀死了元凶邵和刘濬两位兄长，就连他们的妻子儿女也没有放过，全都处死。如果说刘骏杀死大哥和二哥还算是有因可循的话，那么他下毒谋杀四弟南平王刘铄便纯属无故加害了。

除了残暴，孝武帝还是一位荒淫之君，直接导致了454年刘义宣起兵作乱。在击败了刘义宣后，孝武帝再一

两晋南北朝
第六章 南北对峙

次展现了他的残暴,他杀死了刘义宣及其十六个儿子。之后,孝武帝又先后杀害了十弟武昌王刘浑、六弟竟陵王刘诞。因刘诞在广陵起兵反抗,孝武帝攻破广陵后竟然下令屠城,杀人无数。除此之外,孝武帝还杀死了不少大臣及其家人,在此不再赘述。

464年,孝武帝刘骏病逝,其子刘子业继位,是为前废帝。这位刘子业与他的父亲一样,也是一位荒唐残暴之君。刘子业继位后不守丧礼,把母亲王宪嫄给活活气死了。第二年,刘子业处死了颇有权势的前朝大臣戴法兴,这也导致许多大臣人人自危。大臣柳元景、颜师伯等人想废掉刘子业,改立江夏王刘义恭,也就是刘子业的五叔祖为帝。不料这场密谋被老将沈庆之告发,刘子业将这三人及家中子侄全部杀死。刘义恭更是被侄孙刘子业残忍地肢解了。当然,告密的沈庆之也没有好下场,他事后因偶然得罪了喜怒无常的刘子业,最后被人用被子活活捂死。

刘子业对叔祖如此残忍,对待兄弟和叔父们也是不留情面。刘子业把叔父们关在笼子里尽情虐待,还杀死了年仅十岁的弟弟刘子鸾,可谓残暴至极。

465年十一月,残暴荒淫的刘宋前废帝刘子业被一群

奴仆杀死。这群奴仆中不仅有刘子业自己的，还有刘子业的十一叔湘东王刘彧的，就这样，之前还被刘子业软禁的刘彧，如今却当上了皇帝，是为宋明帝。

其时，刘子业的三弟江州刺史刘子勋被部下怂恿称帝，不久被宋明帝刘彧平定。当然，这位宋明帝也不是什么开明之君，他把孝武帝刘骏的儿子们统统杀害了，其中包括刘子勋和几个年仅几岁的孩童。宋明帝此举，已经不是用残暴二字可以形容的了。除此之外，宋明帝还将自己的诸位兄弟也都纷纷杀害，只留下一个才能不堪的刘休范。就这样，宋文帝刘义隆的儿子们也几乎被消灭干净。

472年四月，宋明帝刘彧去世，其子刘昱继位，是为后废帝。刘昱继位时年仅十岁，不过在身边人的诱导下，他也对宗室们大加残害。477年六月，刘昱用去掉了箭镞的弓箭射大臣萧道成，以此为戏。萧道成怀恨在心，便在七月联合刘昱的随从杨玉夫将正在熟睡的刘昱杀死。随后，萧道成假传诏令，转立刘昱的弟弟刘准为帝，即刘宋的最后一位皇帝宋顺帝。

从此，萧道成的时代开始了。

两晋南北朝
第六章　南北对峙

萧道成与南齐

萧道成（427—482），字绍伯，郡望是兰陵萧氏，也就是如今的山东兰陵县兰陵镇。萧道成生于427年，在谋杀后废帝刘昱之时已经五十一岁了。

萧道成和刘宋皇室是有亲戚关系的，宋武帝刘裕的继母萧文寿和萧道成是同宗。具体来说，萧道成的父亲名为萧承之，而萧文寿的弟弟萧源之和从弟萧摹之都非常欣赏萧承之这位同宗，于是萧承之得以在刘裕帐下建功，之后又在与北魏的战争中立功，官至右军将军。

萧道成少年时随父参军，宋明帝刘彧在位时，官至南兖州刺史。宋明帝残害宗室，对萧道成这位外姓大臣也持怀疑态度，素有心机的萧道成却让宋明帝放心了下来。471年，萧道成被召入朝，此时他见刘宋大乱，已经有夺取刘宋政权的野心了。472年，宋明帝临终时，任命袁粲和褚渊为托孤大臣。这二人拉拢宗室刘秉一起执政，而萧道成此时掌管着禁军，颇有权力。474年，宋明帝那个不成器的兄弟刘休范作乱，兵犯建康，萧道成率军击退，从而任职中领军，进入了执政的队伍中。

477年，萧道成命人杀死刘宋后废帝刘昱，改立刘昱之弟刘准为帝，是为宋顺帝。其时手握军权和政权的萧道成，可谓权倾朝野，他的部将王敬则甚至要他立即继位。萧道成并不是不想称帝，只不过是在等待时机。

萧道成等待的时机，便是对手全部消亡的时候。托孤大臣中的袁粲和荆州刺史沈攸之就表示反对萧道成，不过这两人完全不成气候，起兵攻伐萧道成后很快便被消灭了。不久，刘秉这位宗室也被萧道成所杀，只有向萧道成靠拢的褚渊得以保全性命。

479年四月，萧道成见时机成熟，接受了宋顺帝刘准的禅让，刘裕一手建立的南朝宋在经历六十年后灭亡。萧道成建立齐国，史称南齐，他便是齐高帝。齐高帝萧道成之所以用齐为国号，直接原因是他被宋顺帝封为齐公，但是根本原因是他相信当时"筋道利刃齐刘之"的谶言。

齐高帝萧道成的皇帝并没有做太久，482年三月便去世了。与刘宋开国皇帝刘裕一样，齐高帝这位开国皇帝也非常注重节俭。虽然他们也努力让子孙们学会节俭，但是很明显效果不佳，这二人的后代有不少都是以奢靡出名的。鉴于刘宋因皇室内乱而消亡，齐高帝告诫继承人萧赜，让

两晋南北朝

第六章 南北对峙

他谨防内乱。

萧赜（440—493）是齐高帝的长子，便是齐武帝。刘子勋在江州叛乱时，在江州任职的萧赜便表现出了惊人的勇武，和同伴杀死叛军百余人。之后，萧赜又在讨伐沈攸之的叛乱中立功。

作为两晋南北朝的一位皇帝，齐武帝萧赜总体来说还算是不坏的，至少在他执政的永明年间（483—493），南齐境内没有发生过多的动乱。虽然百姓生活称不上安居乐业，但至少不会像南朝宋后期一样饱受战乱之苦。

齐武帝萧赜于493年七月去世，不过他的长子萧长懋在当年的正月已经去世，于是他立萧长懋的儿子萧昭业为皇太孙。萧昭业属于不肖子孙的典型，父亲死后他不去守孝，被封为皇太孙后又行巫蛊之术，只是期盼祖父早死。

萧昭业只当了一年的皇帝，便被西昌侯萧鸾弑杀了，同时被贬封为郁林王。萧鸾是齐高帝的侄子，也就是萧昭业的叔祖，他本来就军权在手，颇遭萧昭业的猜忌。萧鸾先下手为强，弑杀萧昭业后，改立萧昭业的弟弟萧昭文为帝。萧鸾是一个非常残虐的人，齐高帝虽然对他这个侄子视如己出，但是他完全不念恩德。萧鸾掌权后杀了许多宗

室，不仅包括齐高帝的儿子们，还有萧赜的儿子们。

494年十月，萧鸾废萧昭文为海陵王，自己称帝，是为齐明帝。与宋明帝刘彧一样，齐明帝萧鸾也热衷于屠戮宗室，所幸的是他在498年七月便去世了。

> **兰陵萧氏**
>
> 兰陵萧氏在东晋算不上什么豪门大户，不过《南齐书》称萧道成是西汉名相萧何及西汉御史大夫萧望之的后人，事实上，萧望之在萧何死后约八十年出生，年代不算久远，《汉书·萧望之传》根本没有记载萧望之是萧何的后裔。
>
> 考虑到《南齐书》的作者萧子显是萧道成的孙子，其称兰陵萧氏出自名相萧何自然是在攀附了。不过，萧望之是西汉东海兰陵人，故而兰陵萧氏的萧道成一家还是有可能是萧望之的后人的。

两晋南北朝

第六章 南北对峙

萧衍与南梁

齐明帝萧鸾对宗室的大肆屠戮,给了同为兰陵萧氏的萧衍以夺取天下的机会。

萧衍(464—549),字叔达,他的父亲萧顺之和萧道成是同族兄弟,二人的高祖父是东晋淮阴令萧整。故而,萧衍可以说是萧道成的族子。齐武帝萧赜在位时,其第二子竟陵王萧子良爱好结交文学之士,其中有八人被称为竟陵八友,萧衍便是其中之一。

493年,齐武帝萧赜临终时,许多人都认为应该立萧子良为太子。不过史书中并没有萧子良要争位的记载,反倒说萧子良日夜都在殿内伺候萧赜,萧赜部下王融更是制造诏书要谋立萧子良。这样看来,就有点欲盖弥彰之嫌了。不过,事后西昌侯萧鸾掌权,王融因他罪被杀,萧子良也在第二年郁郁而终。

萧衍虽然是萧子良的部下,却没有参与谋立之事。萧鸾掌权时,萧衍日渐受到重用,官至中书侍郎。萧鸾继位后,萧衍更受重视。之后,萧衍在与北魏的作战中有功,被封为雍州刺史。

498年七月，萧鸾去世，其子萧宝卷继位，是为东昏侯。从这个谥号不难看出，这位萧宝卷是一个不成器的家伙。萧宝卷最喜欢做的事情，便是和亲信们一起谋害大臣。不久，许多大臣都先后被杀害。大臣们人人自危，各地刺史都在想着如何保全性命。

499年十一月，江州刺史陈显达造反，起兵攻打建康，不久兵败身死。

500年正月，豫州刺史裴叔业在劝萧衍共投北魏无果后，只身投靠北魏。

500年三月，东昏侯萧宝卷命大将崔慧景讨伐裴叔业，不料崔慧景反而出兵攻打建康。幸而萧衍的长兄萧懿帮忙守住了台城。然而，对朝廷有大功的萧懿也没有逃过东昏侯的毒手，不久便被毒死了。事前，萧衍曾多次劝告萧懿，可惜萧懿没有听从萧衍这位三弟的良言。

500年十一月，雍州刺史萧衍联合荆州刺史萧颖胄，准备起兵攻打建康。501年三月，二人拥立萧宝卷的八弟萧宝融继位，是为齐和帝。十月，萧衍攻打建康。十二月，东昏侯被宦官杀害。

当然，齐和帝萧宝融也只是一位傀儡，502年四月，

两晋南北朝

第六章 南北对峙

萧衍便接受禅让称帝了,国号为梁,他就是梁武帝。萧衍生于464年,502年称帝的时候三十九岁,在开国皇帝里算是比较年轻的了。

"梁"这个国号的来源,和南朝齐末年"水丑木"的歌谣有关,水丑木就是"梁"字。道士陶弘景听说萧衍要进行禅让易代之事,便援引图谶,好几个地方都成了"梁"字,便让弟子将此事上报给了萧衍。有学者推测:"梁"是"用木跨水"的桥,有延伸的意思。南朝齐和南朝梁本为同族,萧衍以梁为国号,未尝没有"今日虽是革代,情同一家"的意思。

值得一提的是,这位对萧衍国号提出建议的道士陶弘景,是道教上清派的重要传人。陶弘景原本也曾在宦海沉浮,出任过尚书郎。后来他无意仕宦,转而研究道教经典。陶弘景当时隐居在句容句曲山,也就是如今的茅山,他这一支也被后世称为茅山宗。萧衍在位时,国家每有吉凶征讨等大事,萧衍都会派人前去咨询,一月之中经常有几封信,当时人都称陶弘景为山中宰相。

竟陵八友

竟陵八友分别是萧衍、沈约、谢朓、王融、萧琛、范云、任昉和陆倕。其中,沈约、谢朓、王融可谓作诗名家,这三人都是永明体诗歌的重要代表人物,与萧衍的文学成就均在后面章节详述。范云则在诗文方面都擅长,其诗被誉为"清便宛转,如流风回雪"。任昉和陆倕在当时以文笔见长。相比之下,同样出自兰陵萧氏的萧琛不在文学上见长,史书称其"少而朗悟,有纵横才辩",在学术上略有成就。

竟陵王萧子良的文学集团,除了竟陵八友,还有范缜、孔休源、柳恽、王僧孺等人。

思 考

(一)南朝齐和南朝梁的两位开国皇帝分别是谁,他们有什么关系?

第三节 萧梁的文学之朝

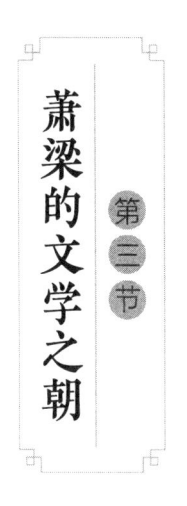

《文心雕龙》与《诗品》

南朝梁虽然在历史上只是一个很普通的割据政权，内政与外战都谈不上多么突出，不过，文学史上的南朝梁，可谓唐代以前文学最为昌盛的朝代。

这一节，我们先讲述两部文学理论巨著：刘勰的《文心雕龙》与钟嵘的《诗品》。

刘勰，字彦和，祖籍莒县东莞（今山东莒县）。刘勰大约出生于466年，这时还是宋明帝刘彧在位。刘勰幼年丧父，家庭贫困，无力婚娶，于是在都城建康的定林寺居住。

定林寺藏书甚多,青年时代的刘勰便在这里读书,包括佛经与文史都有涉猎。三十岁时,刘勰梦见自己随孔子南行,于是动手写《文心雕龙》,直到南朝齐末年方才完成。

《文心雕龙》刚完成时,刘勰希望这本书得到当时文坛盟主沈约的推荐,便在路上专程等候沈约。沈约读完后大加赞赏,认为这本书"深得文理"。正因如此,刘勰这位贫家子弟得到了梁武帝萧衍和昭明太子萧统的赏识。刘勰奉命在定林寺撰写经文,事成后刘勰不愿为官,深明佛理的他选择在定林寺出家,改名慧地,不久便去世了。

《文心雕龙》全书分上下两部,计十卷五十篇,可谓一部结构严谨的文学理论著作。上部的前面五篇,即《原道》《征圣》《宗经》《正纬》《辨骚》,是全书总纲,阐明了全书的基本思想;上部的后二十篇,即从《明诗》《乐府》《铨赋》到《奏启》《议对》《书记》都是文体论,论述了各种文体的源流、特点和作家作品的优缺点。

《文心雕龙》的下部主要是创作论,比如《神思》《体性》《风骨》《比兴》《夸饰》《练字》《养气》等二十篇,从创作原则和具体方法来讲述文学创作,另外《时序》《才略》《知音》《程器》等四篇则是讨论文学史和文学批

两晋南北朝
第六章 南北对峙

评的重要问题,最后一篇《序志》阐述了自己的创作历程和全书结构。

《文心雕龙》在唐宋时都没有引起过多的重视,直到明清时代才开始有人评点注释此书。近代以后,研究此书的学者越来越多,使得这部优秀的理论著作得到了应有的重视。

钟嵘(468—约518),字仲伟,祖籍颍川长社。钟嵘的生年与刘勰相仿,不过他的家庭情况较刘勰要好一些,他在齐武帝永明年间成为国子生,还曾和诗坛名家谢朓有过交往。因为钟嵘先后担任过衡阳王萧元简和晋安王萧纲的记室,所以后人称他为钟记室。《诗品》是他死前几年完成的。

《诗品》全书分为上、中、下三品,每品为一卷,列出了一百二十二位诗人。钟嵘在《诗品》中分品论人,与我们之前谈到的九品中正制有相似之处,同时代也有如沈约《棋品》、谢赫《画品》、庾肩吾《书品》等著作出现。

钟嵘认为诗歌创作应该具有真实的感情,他非常排斥当时南朝子弟"终朝点缀,分夜呻吟"的作品。同时,钟嵘认为创作在内容和形式上应该和谐统一,他非常推崇汉末建安年间的诗人如曹植、刘桢等人的诗歌,并称为"建

安风力"。

当然，钟嵘把诗人分为上、中、下三品，其后的文学批评家自然对某些诗人的品级会有不同意见。比如钟嵘把陶渊明归为中品，原因是陶渊明的诗歌属于"质直"，即不够典雅、缺乏辞采。这当然属于个人审美好恶的范畴，也和钟嵘生活时代的审美不无关系。

文学理论

中国古代的文学理论著作，最早可以追溯到魏文帝曹丕的《典论·论文》。曹丕将文章描述为"经国之大业，不朽之盛事"，这也是后世最为推崇的观点。文章里的奏议表论等，的确可以用来帮助治理国家，至于不朽，指的是文章能够永存后世，这无疑提高了文学的社会地位。

西晋文学家陆机的《文赋》也是一篇优秀的文学理论著作，阐述了文学创作中构思、作文的主张。其文中最有名的一句是"诗缘情以绮靡"，不仅体现了陆机在创作中

两晋南北朝
第六章 南北对峙

> 对于"情"的重视,转变了自《诗经》以来"诗言志"的文论观点,还体现了陆机文学审美中偏向绮丽的文风,这也是西晋太康诗坛的风尚(太康是晋武帝的年号,所用时间为280年至289年)。

文学世家与《昭明文选》

中国文学史上的第一个文学盛世,当属汉末建安年间,涌现出了如三曹与建安七子等文坛名家,同样地,南朝梁之所以能成为一个文学之朝,很大一部分功劳是属于作为统治者萧衍父子的。

梁武帝萧衍本人就非常爱好文艺,他在南朝齐时是竟陵八友之一。萧衍在音乐方面有独到的天赋,他写了很多乐府诗,也创作了如《江南弄》《上云乐》等新曲,甚至有人认为《江南弄》便是后世词的起源。萧衍在位时,文坛名人如沈约、江淹、丘迟等人都围绕在他身旁,可见萧衍本人对文士与文学的重视。

萧衍有三个儿子都非常爱好文学,分别是昭明太子萧

统、简文帝萧纲和梁元帝萧绎。

萧统为萧衍的长子,生于502年,萧衍即位时萧统年

两晋南北朝

第六章 南北对峙

方两岁,当年便被封为太子。萧统早逝,死时年仅三十一岁,因谥号为昭明而被后世称为昭明太子。萧统在东宫时

藏书三万卷，经常与文学之士交流，史书称"名才并集，文学之盛，晋、宋以来未之有也"。

萧统本人雅好文学，亲自主持编选了《文选》一书。《文选》的编纂人员都有谁，我们已经无法确定，大概刘勰和刘孝绰都曾参与过。《文选》是我国最早的一部诗文集，与南北朝另外一部诗集《玉台新咏》可谓南朝总集的双璧。

《文选》全书共三十卷，按照三十七种文体编排，共收录先秦至南朝梁的作家一百三十人，共计五百一十四篇诗文。萧统亲自作序，《文选》不收录经学、子学、史学类的文章，文学类的哪些文章可以入选呢？从《文选》收录的作品来看，萧统非常看重作品的文采和典雅，故而以辞采见称的陆机、谢灵运、曹植、谢朓、颜延之等人成为被收录作品最多的作家。萧统虽然喜欢典雅，但也很排斥当时浮艳的审美观，所以没有收录咏物、艳情、吴歌、西曲等诗文。同时，萧统是第一位重视陶渊明的名家，他收录了陶诗八篇。陶诗不以文采、典雅取胜，可见萧统非常注重诗文的"质"。

简文帝萧纲是萧衍的第三子，他的文才在萧氏家族当

两晋南北朝
第六章 南北对峙

推为第一。萧统去世后，萧纲成为太子，围绕在他身边的文士形成了新的文学集团。以萧纲为中心的文学集团最为后世引人注目的，是他们创作的宫体诗。宫体诗是一种轻艳的诗歌，这也是萧纲的诗风被诟病的原因之一。不过，宫体诗作家们主张描写女性的体貌与感情，也是一种对美的追求与价值体现。萧纲旗下，最出名的文人当属庾信和徐陵。

梁元帝萧绎是萧衍的第七子，他的创作风格和萧纲的宫体诗颇有相似之处，文风也是属于轻丽一派。萧绎的文学观在当时看来非常特殊，他认为文学不应该受到儒家道统的束缚，而应该单纯是声色与感情结合后的产物，这的确是一种非常大胆且有见地的观点。至于围绕在萧绎身边的文士，最为优秀的当属王褒。王褒和庾信最后都去了北方，我们会在本书最后一章再做介绍。

徐陵与《玉台新咏》

徐陵（507—583），字孝穆，东海郯县（今山东郯城县）人。徐陵的父亲徐摛和庾信的父亲庾肩吾并称，二人都是萧纲的老

师。萧纲为太子后，徐陵为东宫学士，一般认为徐陵在此时编纂了《玉台新咏》。徐陵一生历仕梁、陈二朝，在梁时多为皇帝起草诏书，在陈时官至尚书左仆射、太子少傅。徐陵诗风绮丽，边塞诗偶有壮语佳句，在骈文创作方面和庾信并称，是为"徐庾"。

《玉台新咏》全书十卷，收录了从汉代至南朝梁的诗歌六百六十多首。据徐陵的《玉台新咏·序》记载，这部诗集编纂的目的是供南朝皇宫的女子读书、消遣之用，故而入选的作品大多是言情之作，风格上以婉转绮靡为主。

永明体：律诗的前身

我们在谈及诗歌时，经常会提到平、上、去、入四声，这四声是唐代以后诗词创作的声律基础。

四声诞生于南朝时期，首先以四声为声律创作基础的永明体诗歌，堪称律诗的前身。永明是南朝齐武帝萧赜的

两晋南北朝

第六章 南北对峙

年号,即483年到493年。永明体的代表诗人有沈约、谢朓和王融,谢朓和王融都在永明末年去世。不过因为沈约是其中最为重要的诗人,他在南朝梁初期还有活动,所以我们将他放在这一章进行讲述。

沈约,字休文,出自江东大族吴兴沈氏,其祖父沈林子是刘裕部下名将。沈约出生于441年,比梁武帝萧衍还要大二十多岁,一生仕历宋、齐、梁三朝。沈约因帮助萧衍夺得帝位,成为南朝梁的开国功臣,官至尚书左仆射。

沈约在史学和文学方面都颇有建树。史学方面,他主持编纂了叙述南朝宋的史书《宋书》,其文笔在《二十四史》之中堪称翘楚;文学方面,他是当时的文坛盟主,以其诗才独步文坛。当时的任昉擅作表、奏、书、启等文体,与沈约之诗并称为"沈诗任笔"。

沈约作为声律论的创始人之一,在诗歌史上最大的贡献是永明体的"四声八病"之说。八病指的是创作五言诗时,应该注意的八种忌讳,分别是平头、上尾、蜂腰、鹤膝、大韵、小韵、旁纽、正纽。这八种忌讳具体是什么意思,我们现在已经很难说准确。根据唐代时日本僧人遍照

金刚《文镜秘府论》记载，第二字和第五字同声时为蜂腰，第一句和第三句末尾字同声时为鹤膝，一联中九字不得与末字同韵为大韵等。

八病虽然规矩很多，但是对于创作出韵律和谐的诗歌大有裨益。沈约、谢朓、王融等人的诗歌创作大体依照这四声八病之说，虽然如今看来他们的作品也有犯了八病的。不过整体来看，沈约的诗还是非常注重格律的，其诗与唐代的近体诗在格律方面已经有不少相似之处，其诗风也是以清丽为主。

谢朓（464—499），字玄晖，是谢灵运的从子，与谢灵运并称为"二谢"，谢灵运为大谢，谢朓则是李白诗中"中间小谢又清发"的"小谢"。谢朓的山水诗虽然有模仿谢灵运的痕迹，但已经不再是谢灵运那般还有讲述玄言和佛理的嫌疑，他已经完全把自己融入了山水之中。

永明体的出现，对当时的诗坛来说无疑是一剂良药。这不仅表现在格律和声韵方面，更多的是语言的流畅，可谓彻底摆脱了东晋玄言诗以来的语言束缚，为日后大唐诗风的繁荣做了铺垫。

四声

一般认为，四声之说起于六朝时期，但是具体时间点不明朗。善作诗文的沈约、谢朓等人，与善识声韵的周颙是四声说的倡导者。据其他史料记载，四声系统在当时已经成立，不过一般人意识不到，沈约等人应该属于先知者。

四声中，后三声统称为仄声，与第一声平声相对。如今我们的普通话中，一声（阴平）和二声（阳平）可以和古代平声中的阴平和阳平大致对应，三声（上声）、四声（去声）则和古代的上声、去声大致对应。普通话没有入声，入声是发音比较短促的字，如"白""黑""足"这种在如今普通话中属于平声的字，在古汉语声律中却是入声。

❀ 思 考 ❀

（一）南梁文学昌盛，那些生活在南梁的文人，都撰写或编写了哪些文学巨著呢？

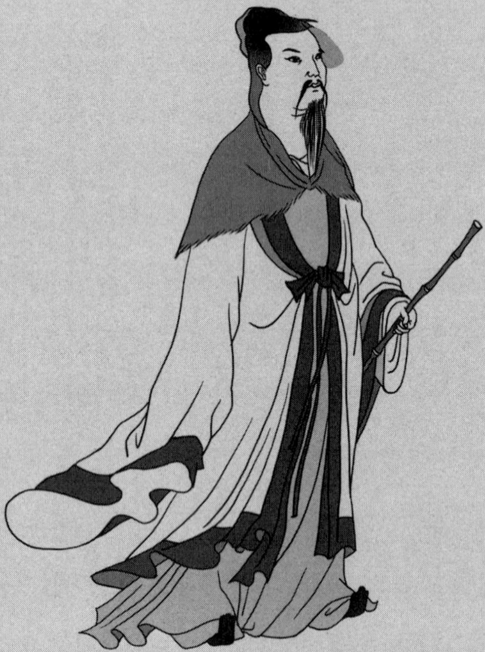

第七章

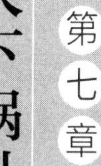

天下祸乱

当然,史书中对战争所述兵力多有夸张,陈庆之在前期面对的兵马数量应该并没有数十万之巨。不过,陈庆之在不到五个月的时间里,先后平定三十二座城池,也可谓所向无敌了。因陈庆之与麾下都穿白袍,洛阳的童谣都说:"名师大将莫自牢,千兵万马避白袍。"

第一节 北魏衰乱

宣武帝元恪

499年四月,北魏孝文帝元宏去世,将他着手重建的北魏洛阳城留给了后世。其子元恪继位,是为宣武帝,时年十七岁。

孝文帝给宣武帝留下了一批还算得力的顾命大臣,不过作为一位少年天子,宣武帝深信小人的挑唆,和这些大臣发生了矛盾。虽然宣武帝没有大开杀戒,但是这些顾命大臣也大都没有顾命之权了,宣武帝于501年正月发动政变,夺取了权力,开始了亲政生涯。

很快,宣武帝提拔了一群大臣上台,不过都算不上忠

臣能人，担任宰相的北海王元详是有名的大贪官，也是唯一仍然在朝的顾命大臣，不过手握大权的则是宣武帝的舅父高肇和侍从赵修。

这期间的政治斗争乏善可陈，高肇在503年除掉了嚣张跋扈的赵修，又在504年以谋反罪除掉了北海王元详及其他几位刚上台的宠臣。从此，高肇可谓权倾朝野，他还叮嘱外甥宣武帝要防范宗室，这样他就能坐稳第一号权臣的座位了。

在接下来的几年里，高肇又先后除掉了多位北魏宗室，自己身兼司徒和大将军的高位，可谓到了人臣的顶峰。可惜，他的好日子并不算很长。

515年正月，高肇的靠山宣武帝元恪去世，年仅三十三岁，和他父亲孝文帝去世的年龄一样。宣武帝的儿子元诩继位，是为孝明帝，时年六岁。孝明帝刚一继位，高阳王元雍和负责禁卫的领军将军于忠就合谋把高肇杀害了。

北魏洛阳城

孝文帝元宏重建洛阳城，除了沿袭此前道武帝拓跋珪修建平城的建筑经验，还对曾作为魏王国和后赵都城的邺城进行取法。值得一提的是，平城的修建也是参照了此前邺城、洛阳和长安的形制，可见北魏平城和洛阳城杂糅了诸多古代都城的特点。

北魏洛阳城从内到外可分为宫城、内城和外郭城。宫城南北长一千四百米，东西宽约六百六十米，面积约为内城面积的十分之一。内城即皇城，承袭汉魏洛阳故城修建，有城门十三座，诸多中央官署机构与军事防御区（如金墉城、大夏门等）都在此处。外郭城则主要是居民所在地，如里坊、市场和寺院等都在此地。其军事防御功能也颇为可观，如其北垣建于邙山南坡最高处，西垣长分桥下的张方沟则与洛河相通，可谓依地势建城郭的典范。

淮南之争

从宣武帝时期的朝堂乱象，不难看出北魏已经开始走

北魏洛阳地图

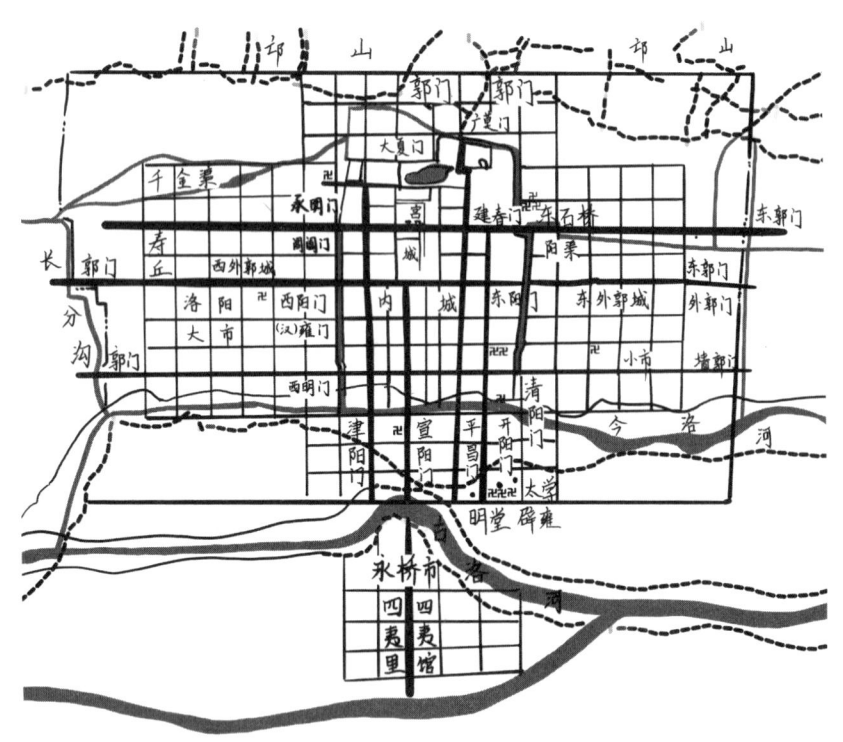

两晋南北朝
第七章 天下祸乱

向衰弱。不过,北魏的军事实力仍旧是强大的,我们这节来回顾一下北魏先后与南齐、南梁的战争。

自从南朝宋在元嘉年间接连败给北魏后,原来在两晋南北朝中最为强大的南朝宋的疆域也急剧萎缩,黄河沿岸的重镇尽皆失守。之后的南齐和南梁,只能在淮河一带与北魏争锋了。当时南朝在淮河一带的重镇有淮阴、钟离(今安徽凤阳县东)、寿阳和义阳(今河南信阳市),都在淮河的南岸。

北魏孝文帝元宏末年,曾多次率军攻打淮河一带。虽然有所收获,但是未能夺得这四个重镇的任何一个。宣武帝元恪在位时的500年,因南齐东昏侯乱政,前面我们提到的豫州刺史裴叔业率军投降北魏,而派遣围剿裴叔业的齐将崔慧景也叛乱了。北魏乘此良机,夺得了重镇寿阳。502年,南齐灭亡,萧衍建立南朝梁。从此,北魏开始了与南梁的战争。

504年,北魏攻占了义阳,并持续攻打淮南重镇钟离。面对北魏如此嚣张的侵犯,刚继位三年的梁武帝萧衍于505年十月发动了北伐,并任命六弟临川王萧宏为统帅。据说,此次梁武帝出动了全国之力,人马达数十万。

梁军前期的战果非常喜人，靠着韦睿、昌义之、张惠绍等名将，南梁前后攻下了数座城池。然而统帅萧宏却是一位庸才，当得知北魏要强力反攻时，萧宏居然退缩了。506年九月，萧宏仅仅因为一场风雨，便风声鹤唳、草木皆兵，自行从军中逃脱。三军无帅，自然乱作一团，人马自相践踏，死者无数。

梁武帝萧衍的军事能力不算差，他见大军落败并没有慌张，而是派遣大将昌义之去防守重镇钟离。北魏宗室元英率领名将萧宝寅、杨大眼攻打钟离，双方展开了拉锯战。之后，梁将曹景宗和韦睿又先后被派去救援钟离。507年三月，韦睿采用了火攻之计，在小船上布满稻草，再用火油浇灌，将邵阳洲上的魏军烧得走投无路，死者无数。此战北魏的元英和杨大眼都落荒而逃，魏军死者据说有十万之众，被俘虏者则有五万之多。这是南朝与北朝交战以来的第一次大胜，意义非凡。

514年，梁武帝计划用水灌城之计，收复重镇寿阳。梁武帝此举可谓昏招，建成的浮山堰并没有起到任何作用，不仅白白浪费人力物力，还淹死了许多士兵和劳役。此后，梁武帝再无心收复寿阳，淮河一带也归于暂时的和平。

两晋南北朝
第七章 天下祸乱

北魏的起义

515年,六岁的孝明帝元诩继位,其母胡太后得以掌管北魏朝政。胡太后幸免于北魏的子贵母死制度,这是因为她有宦官和大臣们的帮忙。

相比于冯太后,胡太后的执政水平要差很多。冯太后多用能臣,会虚心纳谏;而胡太后虽然不致残害忠臣,但也很少会接受建议。作为一位统治者,冯太后生活较为节俭,临终时还坚持葬礼无须奢靡;胡太后却和宗室显贵一起骄奢淫逸,颇有西晋大臣的贵族风范。除此之外,信仰佛教的胡太后还大肆修建寺庙和石窟。虽然如今的石窟佛像看起来庄严无比,甚是伟大,但对于当时的劳动人民来说是无穷的劳役。西晋因上层的奢靡无法长久,北魏在胡太后这样的统治者领路下,也注定离灭亡不远了。

除了朝廷内部的骄奢,当时驻守在北魏北边疆域的镇将也是一个大问题。任城王元澄就曾对边疆重镇的用人问题表示担忧,然而胡太后却没有重视,这也为之后边疆六镇的起义埋下了伏笔。

520年七月,才执政五年的胡太后便遭遇了政变。政

变的结果是宗室元义（一作元叉）与宦官刘腾掌握了朝政，而此前临朝听政的胡太后则被幽禁了起来。在这场政变中，朝中颇有能力的清河王元怿与地方上有志勤王的中山王元熙都遇害了。北魏朝政愈加腐败，已经走向了衰亡的道路。

523年三月，宦官刘腾死亡，众多达官显宦为其送葬，可谓讽刺至极。同年，在北魏北疆戍守的士兵与镇民对朝廷给予的待遇不满，加上当时的气候影响收成，众人苦不堪言，纷纷起义对抗北魏朝廷，是为六镇起义。六镇起义爆发后，关陇地区也爆发了起义，北魏无力对抗如此强横的反抗，甚至向宿敌柔然求援。柔然见有利可图，便答应北魏去帮忙镇压其境内的叛乱，顺便瓜分一些地盘与财产。

在此期间，北魏朝廷又接连发生变故。此时胡太后已经不再处于幽禁状态，权臣元义见北魏内外交困，自己也成为众矢之的，居然答应解下军权。525年四月，元义被重掌朝权的胡太后处死。

随后，胡太后与业已十六岁的孝明帝元诩矛盾日益增大。孝明帝自然不愿意当傀儡，而胡太后也不肯轻易放权。权欲令人丧失人性，胡太后居然在528年二月毒死了自己的亲生儿子孝明帝，随后立孝文帝的孙子元钊为帝。胡太后此举，令天下震惊。此时六镇起义还没有完全被平定，而靠着镇压六镇起义权力逐渐庞大的军阀尔朱荣已经盯上了北魏的皇权。

不难得见，北魏的灭亡也是指日可待了。

六镇

六镇指的是北魏在平城北部设置的六个重镇，分别是沃野镇（今内蒙古五原县东北）、怀朔镇（今内蒙古固阳县西南）、武川镇（今内蒙古武川县西南）、抚冥镇（今内蒙古四子王旗东南）、柔玄镇（今内蒙古兴和县西北）、怀荒镇（今河北张北县北）。

北魏设置这六镇，主要是为了对抗北方的柔然。在北魏初期，六镇镇将都是拓跋宗王和鲜卑八族的王公，戍守的士兵则大多是拓跋族成员或者中原大族子弟。不过，在孝文帝迁都洛阳后，六镇的地位急剧下降，朝廷给的待遇也日益降低，久而久之，六镇的百姓对朝廷的不满日益增多。

尔朱荣

尔朱荣的姓氏为尔朱,其家族生活在如今山西太原附近的尔朱川一带,故以此为氏。尔朱荣家世代都是部落酋长,其先祖曾跟随道武帝拓跋珪征战。尔朱荣袭封父祖爵位,其女儿尔朱英娥还嫁给了孝明帝元诩。尔朱荣在六镇起义中逐渐壮大了势力,旗下有高欢、宇文泰、贺拔岳、侯景等名将,可谓声势浩大。

528年二月,胡太后毒死孝明帝,另立孝文帝的孙子元钊为帝。原因之一便是孝明帝元诩密诏尔朱荣这位岳丈进京夺权,胡太后惧怕尔朱荣的势力,故而先下手为强。野心勃勃的尔朱荣得知后,自然是更加高兴,他率军直攻洛阳,并于四月立献文帝之孙元子攸为帝,是为孝庄帝。

尔朱荣大军来到洛阳后,便把胡太后与新帝元钊抓到了河阴(今河南孟津县东北)。在询问了一番之后,残暴的尔朱荣不仅杀死了胡太后和年仅三岁的元钊,还将众多王公大臣尽皆屠杀。尔朱荣在河阴的这次屠杀,死者多达两千余人,史称河阴之变。此时,高欢劝尔朱荣称帝,但是贺拔岳认为此时并不是称帝的好时机。权衡再三后,尔朱

两晋南北朝

第七章 天下祸乱

荣还是听了贺拔岳的建议，暂时尊崇孝庄帝元子攸，自己则掌握朝权。

此时，见北魏大乱的北海王元颢早已跑到了南梁，请求梁武帝萧衍助其杀回北方。据说萧衍非常看重元颢，便派遣大将陈庆之领兵七千护送元颢回北方。当然，从萧衍只派出七千兵力，可见他也并非相信元颢能干出一番大事业。

528年的北魏可谓乱成了一锅粥。这一年六月在青州一带爆发了大族邢杲率领的起义，七月在关陇一带作乱的鲜卑人万俟丑奴自称天子，八月则有鲜卑人葛荣率数十万大军围攻邺城，同月还有叛将羊侃据守兖州投降南梁，如今南边又来了元颢和陈庆之的北伐部队。

尔朱荣虽然有称帝的野心，但是他还是不得不去收拾北魏这个乱摊子。尔朱荣先是在528年八月率领高欢与侯景等人大败了葛荣，将其擒杀。十月，尔朱荣又派于晖和高欢等人击败了羊侃。529年四月，尔朱荣又派上党王元天穆与从子尔朱兆击降了邢杲。

此时，陈庆之保护着元颢，仅仅靠七千兵力，一路凯歌，先后攻克了多座城池。529年四月，元颢于睢阳（今河

南商丘市南）称帝。之后，陈庆之进军洛阳东边的门户荥阳（今河南荥阳市东北）。

尔朱荣原本并没有把仅有七千兵力的陈庆之放在眼里，听闻陈庆之开始攻打荥阳，他前后调集了三十万部队据守在荥阳周边的各隘口与据点。陈庆之深知敌我兵力悬殊，于是选择亲自率军破敌，其英勇程度让魏军胆裂。于是，陈庆之的部队接连占据了荥阳与虎牢。孝庄帝元子攸听闻，胆战心惊，吓得直接逃往并州。就这样，洛阳被陈庆之和元颢占领了。尔朱荣听闻，准备集结大军再复洛阳。

当然，史书中对战争所述兵力多有夸张，陈庆之在前期面对的兵马数量应该并没有数十万之巨。不过，陈庆之在不到五个月的时间里，先后平定三十二座城池，也可谓所向无敌了。因陈庆之与麾下都穿白袍，洛阳的童谣都说："名师大将莫自牢，千兵万马避白袍。"

然而，兵力悬殊是陈庆之和元颢无法解决的问题。元颢到洛阳后，并不愿意再向南梁臣服，只顾沉迷享乐，就连陈庆之都受到了他的猜忌。这一年的闰六月，尔朱荣率领数十万大军杀回了洛阳。此战过后，元颢身死，陈庆之被迫流亡，甚至削发为僧避难，几经辗转才回到了南梁。

两晋南北朝

第1章 天下祸乱

🌸 思 考 🌸

(一) 北魏的六镇有哪些?它们在如今的什么地方?

第二节 两魏争雄

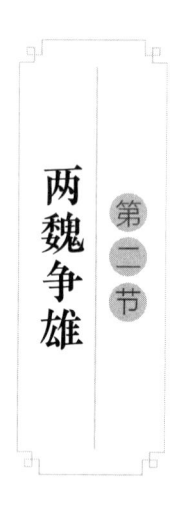

北魏分裂

北魏的灭亡与分裂,要从尔朱荣的死说起。

530年春,尔朱荣派其从子尔朱天光及部将贺拔岳、侯莫陈悦等人讨伐在关陇地区作乱的万俟丑奴。四月,万俟丑奴被擒杀。

这一年九月,已基本平定北方的尔朱荣入朝,准备开始他的篡位大业。尔朱荣自恃功高盖主,认为无人敢加害于他,对人毫无防备。但是孝庄帝元子攸不甘为傀儡,在接见尔朱荣时乘其不备将其杀害,尔朱荣的党羽元天穆及亲子尔朱菩提也被杀死。

两晋南北朝

第七章 天下祸乱

尔朱荣虽死，但是尔朱家族的势力仍在。尔朱荣的从子尔朱兆等人拥立北魏宗室元晔为帝，而孝庄帝元子攸在这年的十二月兵败被害。可见，对于没有实权的傀儡皇帝们而言，直接诛杀权臣并不意味着可以解决问题、轻松执政。

尔朱氏重新掌握了朝堂，但是尔朱家族的人依然残暴不仁，这让原先身为尔朱荣部将的高欢和宇文泰看到了机会。

高欢自称出身汉人大族渤海高氏，然而从他的小字"贺六浑"来看他很可能是鲜卑族人，他的家庭也是六镇之一的怀朔镇军户。高欢在胡太后执政时期便已经看出北魏将要大乱，于是先后投奔了多位军阀，最终在尔朱荣部下立了不少功劳。此时，高欢看准尔朱兆的统治无法长久，便趁尔朱兆酒醉之时，用计策得到了统御原先那些六镇降兵的权力。高欢靠着这支实力强大的六镇降兵，先占据了冀州一带，并于531年六月拥立北魏宗室元朗为帝。

随后，高欢与尔朱兆多次交战，并最终于532年大败尔朱兆，占据了都城洛阳。当年四月，掌握朝堂的高欢废黜元朗，改立血缘更为亲近的孝文帝之孙元修为帝，是为

孝武帝。孝武帝不愿意成为高欢的傀儡,一直在试图摆脱高欢的控制。

534年七月,孝武帝元修召集了众多亲信,投奔驻守在长安的关西大都督宇文泰。随孝武帝西行的包括南阳王元宝炬、广陵王元欣等宗室,还有武卫将军独孤信、太傅长孙稚等大臣。然而,孝武帝没想到的是,他才脱离虎口,又进了狼窝。

宇文泰,字黑獭,与高欢一样来自六镇,家乡是武川镇。宇文泰来自东部鲜卑的宇文部,原先是尔朱荣部将贺拔岳的下属,随贺拔岳参与了平定关陇起义的战斗。高欢立元修为帝后,任命贺拔岳为关西大行台,宇文泰也在长安辅佐贺拔岳。孝武帝原本是想拉拢贺拔岳的,然而贺拔岳却被高欢暗算,死于同为尔朱荣部将的侯莫陈悦之手。随后,宇文泰接管了贺拔岳的部队,占据了长安。

534年八月,宇文泰迎接孝武帝元修进入洛阳。不过孝武帝很快便发现,宇文泰完全是第二个高欢,自己在长安完全没有权力可言。闰十二月,宇文泰毒杀了孝武帝,改立宗室元宝炬为帝。这位元宝炬也是孝文帝元宏之孙,于535年正月正式即位。而早在534年十月,高欢也另立孝文帝曾孙元善见为帝了。

史学界一般把孝武帝元修之死作为北魏的终点，因为此时在原先北魏国土的东西两方各有一个皇帝，国号都是魏，还分别由两位权臣掌控。一般把建都洛阳、疆域在东、由高欢掌控、以元善见为帝的政权称为东魏，元善见便是东魏孝静帝；而把建都长安、疆域在西、由宇文泰掌控、以元宝炬为帝的政权称为西魏，而元宝炬便是西魏文帝。

独孤信

现藏于陕西历史博物馆的北周大司马独孤信煤精石印，其主人便是先后在北魏、西魏、北周三朝任职的独孤信。与一般的印章不同，这个印章有二十六面，高4.5厘米，宽4.35厘米，其中十四面刻有文字，有六面为公文用印，如"大司马印""大都督印""刺史之印"等；有四面为上书用印，具体为"臣信上疏""臣信上章""臣信上表""臣信启事"等；还有四面为书信用印，包括"信白笺""信启事""独孤信白书"。

> 独孤信堪称"史上最强"岳父,他有七个女儿,其中三位都成为皇后。长女嫁给了北周明帝宇文毓,成了明敬皇后;四女嫁给了唐国公李昞,生下了唐高祖李渊,之后被追封为元贞皇后;七女嫁给了隋文帝杨坚,是为文献皇后。

东西大战

自东魏和西魏建立后,朝政大权自然分别落入了高欢和宇文泰的手中,两国的战争也没有停止过,我们简要叙述几场较为重要的战争。

第一场,小关之战。

536年,西魏的关中地区遭遇饥荒,高欢兵分三路,想要消灭西魏。高欢先是在黄河造了三座浮桥,准备渡过黄河,其大都督窦泰则率领步骑万人逼近潼关,名将高昂则负责攻打蓝田。宇文泰深知窦泰易骄的缺点,撤退诈败,却在途中袭击窦泰。窦泰被打了个措手不及,全军覆没,窦泰兵败自杀。高欢听闻,急忙与高昂撤军了。

第二场,沙苑之战。

537年八月,宇文泰率万人兵出潼关,攻下恒农(今河南三门峡市),就地取粮。高欢决意复仇,于当年十月亲率二十万大军至蒲津(今山西永济市),此时宇文泰只有三日之粮草。宇文泰决意行险:他率领轻骑渡过渭水,到达渭水北岸的沙苑(今陕西大荔县南),在离西魏大军六十里处安营。随后,他在周围埋下伏兵。高欢轻敌冒进之时,不想伏兵尽起,被宇文泰大败。此战,东魏损失士卒八万人,铠甲武器十八万件,西魏则俘虏了七万东魏士兵。

第三场,河桥之战。

538年七月,东魏大将侯景攻占洛阳的金墉城,原计划与文帝扫墓的宇文泰急忙前往救援。宇文泰先是在谷城(今河南新安东)击杀了东魏勇将莫多娄贷文,随后与侯景在河桥(今河南孟州西南)、邙山(今河南洛阳北)一带相持,宇文泰作战失利,几乎被俘。之后,西魏大军赶到,这才杀败了东魏大军,俘获甲士一万五千人。

第四场,邙山之战。

543年二月,镇守虎牢(今河南荥阳市汜水镇)的东魏大将高慎投降西魏,宇文泰率军前往洛阳接应,高欢则于

三月率十万大军赶到黄河。宇文泰原本想用火船烧毁东魏渡河的浮桥，却被东魏的长锁小船给拦截了。高欢大军渡河后，和宇文泰在邙山大战。此战东魏大胜，俘虏斩杀西魏三万人。第二天双方再次大战，西魏大军再次失利，撤军而回。

第五场，玉璧之战。

546年十月，高欢亲自率领大军十余万，攻打玉璧（今山西稷山县西南）。玉璧位于汾水的下游，是一个非常重要的据点。西魏大将韦孝宽负责防守玉璧，他先是加高城楼防止东魏的土山攻势，又挖掘长沟破坏东魏的地道攻势，还用帐幔防御住东魏的冲车攻势，最后用长杆加钩刀组合砍坏东魏军队准备火烧城楼的麻秆。高欢连续攻打玉璧五十多天，东魏士兵战死病死的有一半之多，士气也极其低落。为了安抚士兵、稳定军心，高欢勉力坐下，让出身敕勒族的大将斛律金唱《敕勒歌》，他自己则和唱此歌。此战高欢旧病复发，无力再攻打下去，最终撤军而回。

玉璧之战是东魏与西魏形势的转折点，此战过后，东魏国力日益衰弱。

两晋南北朝
第七章 天下祸乱

敕勒歌

《敕勒歌》是北朝一首脍炙人口的民歌,全文为:"敕勒川,阴山下。天似穹庐,笼盖四野。天苍苍,野茫茫,风吹草低见牛羊。"

敕勒川的确切地在哪儿呢?大约是今内蒙古的中西部一带,应是敕勒族的游牧之地,而这正是出身怀朔镇的高欢成长的地方。《敕勒歌》短短二十七个字,用浑朴自然的语言,描绘了敕勒川苍茫辽阔的气象,为大家展示了一幅粗犷线条的风景画。高欢在玉璧之时,深知战胜无望,此时命人吟唱家乡歌曲,自然感伤不已。

思 考

(一)东魏和西魏的实际控制者分别是谁?他们都有哪些功绩?

第三节 侯景乱梁

侯景叛魏

自546年玉璧之战后，高欢的病越发严重了。547年正月，高欢病逝，其子高澄继掌东魏大权，东魏孝静帝元善见仍然是一位傀儡。

东魏大将侯景原本是尔朱荣的部将，在镇压葛荣的战斗中生擒葛荣，立下大功。之后高欢掌权，侯景便依附高欢，领军镇守在河南一带，素有野心。高欢也知道侯景有异志，所以临终时想召侯景入朝。侯景自然不愿回朝，他在高欢死后五天便举兵反叛东魏，向西魏投降。然而，侯景又考虑到自己多年与西魏交战，担心西魏不愿接纳，于

两晋南北朝

第七章 天下祸乱

是同时又向南梁上了请降表。

南梁自 502 年建国，此时已经有四十五年了，梁武帝萧衍也做了四十五年的皇帝，是两晋南北朝中在位时间最久的皇帝。前面我们曾提到，梁武帝之前与北魏争夺淮南不利，不过在北魏内乱时，梁武帝还是先后得到了彭城、寿阳这两个淮南的重要据点。之后，梁武帝没有进一步扩大战果，颇为不智。

南梁自 536 年与东魏停战以来，已经有十一年了。如今的梁武帝萧衍已经八十四岁了。在政治方面，梁武帝如宋武帝刘裕一般，重用寒门人士掌管机要，以防备出现东晋时门阀政治的状况，不过梁武帝也非常尊重那些门阀大族。南朝梁时的门阀大族虽然不能把控朝政，但他们一方面在朝廷任清贵之职，一方面又占据了大量田产，所以他们的社会地位非常高，在婚姻上非常讲究门第。高门与寒门的均衡状态，也让梁武帝得以坐稳江山。

除了制衡高门与寒门，梁武帝非常信奉佛教。他早年信奉道教，如与山中宰相陶弘景的交往便是一证；不过梁武帝中年时改奉佛教，在位期间不仅大肆搜寻佛典、整理经籍，还大力兴建佛寺，光是京城的佛寺就有七百座之多。

除此之外，梁武帝还曾三次出家为僧，为众僧信徒讲解佛经，最后，朝廷和群臣用巨资才将其赎回，可见梁武帝佞佛之深。

侯景的出现，给南朝梁带来了巨大的改变。

547年二月，八十四岁的梁武帝萧衍见侯景愿意带上河南之地请降，颇为动心，于是任命侯景为大将军，封河南王。

不过，侯景并不是善与之辈。他先投降西魏，又向南梁上降表，接着又向西魏请求援军。明眼人都能看出，侯景是一位反复横跳的角色。西魏大臣王悦便劝宇文泰不再援助侯景，于是宇文泰选择召侯景入朝，一心想要割据掌权的侯景自然不愿意去；而梁武帝听不进其他人的逆耳忠言，故而还是派人去北伐援助侯景。此时陈庆之已死，朝中只有自北边而来的羊侃算是颇通军事，但是梁武帝却命不通军事的从子萧渊明为帅。

萧渊明在军事上可谓一个蠢材，他不听羊侃建议，一意孤行，最后醉酒的他被东魏军队生擒。梁军此战几乎全军覆没，只有在别处安营的羊侃所部军队得以生还。侯景虽然军事能力颇高，但是他的军队有两个大问题，第一是军中缺粮，第二是其将士家属在东魏后方。此时梁军一败，侯景军队自然独立难支，不久便大败南逃。

宇宙大将军

548年正月，兵败的侯景无路可去，居然通过袭击占据了南梁的淮南重镇寿阳。侯景此举，自然是贪得无厌的表现，然而梁武帝却任命侯景为南豫州牧，这着实让众多南梁大臣寒了心。

此时，北魏高澄想与南梁议和。梁武帝见侯景已败，也表示愿意和谈。然而侯景不愿意看到这个局面，他担心自己会成为双方交易的筹码。在假造书信试探之后，侯景确认梁武帝君臣要把自己出卖，于是决意再次叛乱。

此时梁武帝内心已经决定将侯景交给东魏，然而表面上还是给予侯景以物资。也许，梁武帝是担心侯景狗急跳墙。然而，侯景正是凭借梁武帝支援的这些物资，在寿阳再度招兵买马。

548年八月，侯景联合临贺王萧正德起兵作乱。萧正德是梁武帝的侄子，但在昭明太子萧统未出生时，萧正德

曾为梁武帝养子。之后，萧正德因不得立为嗣子，曾经叛逃北魏。梁武帝对亲属一向颇为宽容，萧正德从北魏回来后，依然掌管了京师的防卫工作。在侯景与萧正德里应外合之下，叛军于十月二十四日攻到了建康的台城。此时，台城原本由北来的大将羊侃守卫，可惜他在十一月底便病逝了。幸好台城内有位名叫吴景的将领善于守城，台城才得以坚持不破。之后，南梁各地的援军纷纷到达，与侯景的叛军展开交战。然而，因为外面的援军缺乏统帅之才，诸军指挥无度，不仅和兵力仅约万人的叛军打了个难解难分，甚至还和叛军一样在建康周边掳掠百姓。

549年二月，缺粮的侯景假意请和，梁武帝与其太子萧纲居然答应了。果然，侯景再次言而无信，于三月攻破了台城。随后，侯景假传诏令，解散了援军，掌握了朝堂。梁武帝不堪屈辱，在当年五月便去世了，享年八十六岁。其子萧纲继位，是为简文帝。当然，那个与侯景合作的萧正德虽然在548年十一月当了几个月的傀儡皇帝，但在攻下台城不久后便被侯景杀掉了，真是令人发笑。

简文帝萧纲其实也只是一个傀儡，侯景在549年七月自封为丞相、汉王，十月又自封为宇宙大将军、都督六合诸军事。在中国古代，宇宙泛指天地，六合与宇宙意义相似。侯景的这个封号，可谓是前无古人后无来者了。

侯景的好日子自然也不会太久，他以叛乱夺朝权，对百姓也多有残暴之举，很不得民心。南梁的许多诸侯王与大将也对皇权虎视眈眈，各地诸侯纷纷起兵，征讨侯景。

这其中势力最为强大的当属梁武帝第七子湘东王萧绎，他手握荆州强兵，在台城被围之时不用心救援，明显是视父兄安危于不顾，以便夺取权力。梁武帝死后，萧绎没有着急攻打侯景，反而先后击败和消灭了诸多宗室，在扩充实力的同时消灭潜在的帝位竞争者。之后，萧绎才派遣部下名将王僧辩与陈霸先，全力进攻侯景。侯景在外的军队节节败退，最后逃回了京城建康。

551年八月，侯景废简文帝，改立昭明太子萧统之孙萧栋为帝。十一月，侯景再废萧栋，并杀死了简文帝，自立为帝，国号为汉。

552年二月，萧绎在听闻简文帝的死讯后，命王僧辩与陈霸先发动第二次总攻。萧绎的军队在三月便攻下了建康，侯景则逃往了吴郡（治吴县，今江苏苏州市）。王僧辩部的士兵毫无军纪，对建康进行了再次抢掠，相比之下，

陈霸先部的军纪就要严明许多。在萧绎的授意之下，王僧辩杀害了侯景之前立的皇帝萧栋及其兄弟，这几人都是萧绎的侄子，权欲熏心的萧绎不愿意放过任何一位对他帝位有威胁的宗室。

这年四月，侯景为部下所杀，尸首则被送往建康，遭万人唾弃。十一月，萧绎在江陵即位，是为梁元帝。

思 考
（一）侯景在南梁造成那么大的灾祸，原因是什么？

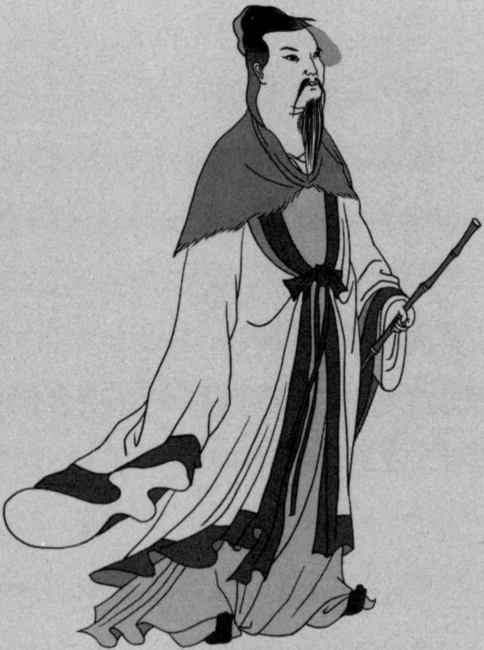

第八章 南北一统

至此,南朝陈灭亡,自西晋永嘉之乱以来,将近三百年,天下终于重归一统。动乱的两晋南北朝时期结束,而属于隋文帝的时代已经来临。

第一节 新三国时代

北齐代东魏

自534年东魏、西魏相继建立后,与南梁并峙对立,天下可谓是出现了新的三国时代。与汉末大乱后出现的曹魏、蜀汉、东吴形势相仿。不过,因西魏和东魏都被权臣掌握、南朝梁又内乱不断,所以这种三政权鼎立的局面虽然还要持续一段时间,但是国号却得换一换了。

第一个换国号的是东魏,而建立新政权的自然是权臣高氏。

547年正月,高澄刚掌权便经历了侯景的叛乱,不过他用一年时间将其平定,并成功将侯景这个祸害转移给了

南梁。之后更是乘着侯景乱梁之际,大肆吞并了南梁在两淮地区的许多土地,甚至取得了淮南重镇寿阳。

549年正月,高澄得封齐王,成为异姓王,可谓达到人臣之极,与刘裕、萧道成等人一样,此时的他离篡位只有一步之遥了。

高澄对东魏孝静帝元善见毫无尊敬可言,他曾向孝静帝敬酒说:"臣高澄劝陛下酒。"孝静帝不高兴,说:"自古没有不灭亡的国家,朕要这个酒做什么?"高澄大怒:"朕!朕!狗脚朕!"之后还让亲信崔季舒打了孝静帝三拳,这才愤恨而出。

孝静帝不堪屈辱,与亲信准备挖掘地道出城,被高澄发觉。高澄带兵进宫,说道:"陛下何故谋反?臣等父子有功于社稷,哪里辜负了陛下?"说完,便扬言要杀尽孝静帝的妃嫔。大臣竟然说皇帝谋反,真是亘古未有之奇闻,孝静帝被气得不行:"齐王你自己想要谋反,与我何干,我自己死都不怕,哪里还顾得上妃嫔?"高澄听完下床叩头,大哭谢罪,回去后又连夜畅饮,几天后便把孝静帝的亲信全都烹杀了。不难看出,高澄虽然能力较强,但是生性残忍,甚至还可能有一点精神疾病。

两晋南北朝
第八章　南北一统

549年八月，高澄被府上的膳奴（厨子）兰京及其同党杀害，年仅二十九岁。兰京本来为南梁名将兰钦之子，兵败被俘，这才到高澄府上做膳奴。兰京曾多次请求回南梁，却得不到高澄的允许。不仅如此，高澄还多次威胁要杀害兰京，将这么一颗定时炸弹放在身边，可见高澄的精神可能确实有问题。

高澄死后，其二弟高洋，成为新的齐王。与长兄一样，高洋也是能力出众，不过他也有精神问题，并且嗜酒如命、嗜杀成性。高洋曾经在酒醉时差点失手杀死生母，还曾用弓箭射中岳母的脸颊，并说："我醉的时候连我妈都不认识，你算什么东西！"不仅如此，他还用马鞭打了岳母一百多下。同时，高洋也嗜杀成性，他不仅随意残杀大臣，甚至在路上遇到素不相识的人，也会将对方斩杀，非常恐怖——为了满足他的杀戮欲，他还为自己准备锯子、锉刀、大锅等刑罚工具，方便随时以杀戮取乐。高洋除了残忍，某些行为也非常古怪。比如，他经常披头散发裸奔，还喜欢骑着各种动物，有时候还一边走一边唱歌，他在私生活方面也非常混乱，就连同族的妇女也不放过。

550年五月，高洋接受孝静帝的禅让，建立齐国，史

称北齐。高洋就是北齐文宣帝，他追封其父高欢为神武帝，追封其兄高澄为文襄帝。北齐的国号齐来源于高家自称的籍贯渤海，这个地方属于先秦齐国的地域范围。

南陈代南梁

东魏于 550 年灭亡，南梁则灭亡于 557 年。

552 年十一月，梁元帝萧绎在江陵即位，而其占领蜀地的八弟武陵王萧纪也于 552 年四月称帝，兄弟俩不愿意合作，这才导致侯景之乱持续了将近四年，还使得西魏得以乘机攻占了南梁的汉中一带。

当然，南朝梁不止有两位独立的君主。

在此之前，梁元帝的侄子，也就是昭明太子萧统的两个儿子——河东王萧誉和岳阳王萧詧因为不愿意受梁元帝的指挥，被梁元帝攻打。萧誉兵败被杀，萧詧则于 549 年向西魏求救。西魏宇文泰自然乐享其成，于是助力萧詧击败了萧绎部将柳仲礼，从而守住了襄阳。随后，宇文泰封萧詧为梁王。除此之外，在南方的广州还有宗室萧勃不听梁元帝的号令。可见因为梁元帝的自私与权欲，致使南梁四分五裂。

553年三月，梁元帝与武陵王萧纪又开始了新的战斗。梁元帝担心自身实力不足，便向西魏求救。宇文泰非常高兴，认为这是取得蜀地的大好时机。就这样，宇文泰派遣大军攻打蜀地。此时萧纪的大军在外，后方自然空虚，这一年七月，被截断归路的萧纪被杀。其后方成都也在八月被西魏攻下。

梁元帝没有意识到的是，宇文泰已经取了蜀地，下一个目标自然是他驻守的荆州。更何况，在荆州的北边襄阳驻军的正是自己的仇敌萧詧，而此时萧詧已经向西魏称臣。

果然，554年十月，西魏派出五万大军攻打江陵。此时，在江陵的梁元帝已经提前得到消息。可笑的是，梁元帝君臣居然认为消息有误，他们认为西魏是盟友而不是敌人。故而，梁元帝君臣并没有防备。

过了几天，西魏军队与襄阳萧詧的联军向荆州出发，这时候梁元帝才意识到事情的严重性，他派人向身在建康的大将王僧辩求援。可是，远水解不了近渴，一切都来不及了。

十一月，魏军渡过汉水，包围了江陵。十二月初二，梁元帝大将胡僧祐战死，众人士气低落。很快，城内出现了叛军，西魏大军进城了，梁元帝等人只能退入内城。眼见孤立无援，梁元帝居然下令放火烧毁了他的十四万卷藏书。可能，心灰意冷的他，想让这些书卷陪他一起下地狱。但是，这无疑是文化史上的一场浩劫。

梁元帝向魏军投降，不久便被杀害。而驻守襄阳的梁王萧詧，则在西魏的庇佑下于555年正月称帝，其政权被后世称为后梁或西梁。当然，萧詧这个皇帝纯属西魏的傀儡，其子孙虽然后继为西梁皇帝，但是最后在587年九月被杨坚的隋朝消灭。

梁元帝去世后，原先被东魏俘虏的萧衍之侄萧渊明被北齐的高洋立为梁主。高洋为了占据南梁的更多地盘，派遣上党王高涣护送萧渊明回建康。在言辞引诱与武力震慑的双重压迫之下，镇守建康的王僧辩屈服了，并在555年五月立萧渊明为帝，还立了梁元帝第九子晋安王萧方智为太子。

不过，此时镇守在京口的陈霸先并不认可萧渊明，因为萧渊明名义上是南梁之帝，实质上却是北齐的傀儡。于

两晋南北朝

第八章 南北一统

是，陈霸先率军袭击攻打建康，王僧辩措手不及，最终被陈霸先擒杀。

555年九月，陈霸先命萧渊明退位，并于十月推晋安王萧方智为帝，是为梁敬帝。当然，陈霸先并不是什么忠臣孝子，他只不过是需要时间处理敌对势力。556年，陈霸先除掉了王僧辩的余部；557年，陈霸先又消灭了屯兵广州的宗室萧勃。

557年九月，陈霸先自封为陈公，得九锡。十月，陈霸先自封为陈王，并于当月称帝。陈霸先建立的国家国号为陈，史称南陈，他就是陈武帝。

陈姓以陈为国号

从国号来看，陈霸先建立的陈朝，可谓是一个特殊的存在。因为帝王的姓氏和国号居然是相同的，这在后世看来，多少有点不可思议。

有学者认为，陈霸先自称出自颍川许昌陈氏，而许昌是在西周时谥号为胡公的妫满的封国陈国，陈国被楚国灭亡后，子孙又以

> 国为氏。如此一来，胡公满成为陈霸先追尊的陈氏皇室之先祖。出身寒微的陈霸先推出这样一位重量级的圣人，自然是为自己的家世找到依托，这样一来陈霸先以陈为国号就可以理解了。

北周代西魏

当陈霸先在清除南梁境内的敌对势力时，西魏也终于被宇文家取代了。

西魏自535年正月建立起，其朝政大权就一直掌握在宇文泰的手上。相比于东魏的掌权者高欢父子，出身于鲜卑宇文部的宇文泰属于一位比较正常且优秀的统治者。

之前我们提到：西魏刚建立时，其地盘只有关中一带，势力比较弱小，可谓远远弱于高欢控制的东魏。然而，在与东魏交战中，宇文泰多次击败了高欢的军队，特别是玉璧之战使得高欢一蹶不振，西魏的实力逐渐能与东魏抗衡。南梁侯景之乱爆发，宇文泰乘着梁元帝与其他宗室不和，逐渐蚕食和控制了南梁的梁州、益州、荆州、雍州一带，

可谓大大拓展了西魏的版图。

在政治上,宇文泰主要依靠出身汉族的大臣苏绰与卢辩。苏绰出身名门,是曹魏名臣苏则的九世孙,为西魏的制度改革做出了重大贡献,草拟了《六条诏书》,内容包括"治心身、敦教化、尽地利、擢贤良、恤狱讼、均赋役"等六个方面,从治理战略与具体措施上,给了西魏一份强有力的政治纲领。卢辩则出身经学世家范阳卢氏,为西魏的朝礼、规章等方面做出了不小的贡献。

在军事上,宇文泰制定的最为重要的制度便是府兵制。宇文泰受北魏的鲜卑八姓影响,将西魏分为八部,每部则设立了一位柱国大将军,这样一共是有八柱国。八柱国中,除了宇文泰自己与西魏宗室元欣,另外六位柱国大将军旗下又各有两个大将军,每个大将军又各自拥有两个开府,故而一共是二十四个开府。每个开府领一支军队,故而一共是二十四军。二十四府的军人称为府兵,与此前一边种田一边打仗的屯田兵不同,府兵是不从事耕种事业的,故而府兵有足够的时间训练,战斗力自然大大增强。府兵制这个制度,一直延续到了隋唐年间,直到唐玄宗天宝年间,才被终结了。

两晋南北朝

第八章 南北一统

551年三月，西魏文帝元宝炬去世，其长子元钦继位，是为西魏废帝。元钦对于做宇文家的傀儡皇帝甚为不满，许多西魏宗室也是如此。553年十一月，西魏宗室元烈密谋杀害宇文泰，事败被杀。554年正月，元钦密谋除掉宇文泰，也以失败告终。随后，宇文泰便将元钦废黜，另立元宝炬第四子元廓为帝，是为西魏恭帝。不久，元钦被宇文泰毒杀。值得一提的是，元钦的皇后宇文氏是宇文泰的女儿，因其忠于西魏皇室，也被父亲毒杀。

556年十月，宇文泰去世，其第三子宇文觉继任其位。宇文觉在当年的十二月受封为周公，时年十五岁。557年正月，宇文觉接受西魏恭帝的禅让，即天王位，国号为周，是为周闵帝。北周国号的来源，是以夏商周时的周朝为继承对象，因宇文泰辅政时期便崇慕《周礼》。

周闵帝宇文觉年纪尚小，朝政由其从兄宇文护掌管。这一年九月，宇文觉因谋杀宇文护失败，被迫禅让王位于长兄宇文毓，是为周明帝。

周明帝宇文毓称帝后不久，遭到了宇文护的忌惮。560年四月，宇文护毒杀周明帝。周明帝临终前将帝位传于四弟宇文邕，是为周武帝。

周武帝宇文邕刚继位时，也是被宇文护包揽朝政，不过他没有急于夺取宇文护的权力。572年三月，周武帝发动政变，处死了宇文护，得以亲政。

思 考

（一）东魏、西魏相继灭亡后，新的三国时代是哪三个国家呢？这三个国家的创立者分别是谁？

第一节 南北朝谢幕

北周定北方

周武帝宇文邕是一位非常有作为的皇帝,自572年亲政掌权后,他便着手消灭东方的强敌北齐。

相比于自宇文泰统治以来的开明政治,北齐的政治在文宣帝高洋的带头下可谓是一团糟。高洋虽然为人残酷无比,心狠手辣,其连年穷兵黩武导致国库亏空。不过,暴君高洋自身的能力与君威倒是可以勉强压住国内的反抗态势。559年十月,年仅三十一岁的高洋因酗酒而亡,其子高殷继位。高殷仅仅做了十个月的皇帝,便被六叔高演抢去了皇位,不久又被杀害。孝昭帝高演的命运似乎也不

好，他当了十五个月的皇帝，便因坠马而意外身亡，年仅二十七岁。

北齐的皇帝大都短命，第四位皇帝是文宣帝高欢的第九子高湛，是为武成帝。武成帝高湛于561年十一月继位，在当了不到四年皇帝后，在565年四月将皇位主动传给了其长子高纬，自己则成了操纵朝权的太上皇帝。568年十一月，年仅三十二岁的太上皇帝高湛病亡，北齐后主高纬开始亲政。

武成帝高湛与后主高纬都是沉迷于享乐的君王，北齐的政治在高纬执政期间彻底走上不归路。当时北齐群臣内斗，高纬的宠臣祖珽和北齐名将斛律光矛盾很大。此时，北周名将韦孝宽利用他们的内部矛盾，编造出"百升飞上天，明月照长安""高山不推自崩，槲木不扶自举"的歌谣。百升就是"斛"字，高山指的是北齐高家，"槲木不扶"自然指的是"斛"。于是，祖珽借歌谣生事，唆使北齐后主高纬于572年杀害了斛律光及其兄弟。

除了斛律光，北齐宗室兰陵王高长恭也是一位能征善战的名将，不过他也在573年遭到高纬猜忌被杀。自此，北齐再无能将可战，北周的机会终于来临。

两晋南北朝

第八章 南北一统

575年七月，周武帝宇文邕率军六万讨伐北齐，兵出潼关，直指河阳（今河南孟州西）与洛阳。然而却在河阳中间的中潬城与洛阳的金墉城前停下了脚步，无法攻克，最后无功而返。

576年十月，周武帝再次出兵，这次他命人攻打平阳，不久便攻克了。此时，齐后主正在与宠妃冯小怜寻欢作乐，之后才派遣援军去救援平阳。周武帝见北齐援军众多，于是再次撤退了。

576年十二月，周武帝后悔上一次的撤兵决定，此次他决心不再畏惧北齐，领军八万直至平阳城下。仅仅三天，周武帝便攻克了平阳。接着，周军又向北推进，到达了北齐的老窝晋阳。齐后主不敢迎敌，连夜跑回了都城邺城。不久，周军便攻克了晋阳，于是在当年年底向邺城进军。唐代诗人李商隐名篇《北齐》中，便有名句"小怜玉体横陈夜，已报周师入晋阳"就是描写的此事。

577年正月初一，齐后主慌忙禅位给其子高恒，自己做起了太上皇。然而，禅位改变不了战事的结局。正月十九，周军攻破邺城。齐后主父子在逃跑路上被叛将擒获，齐任城王高湝的部队也于二月被北周大将宇文宪和杨坚击

败,北齐灭亡,北周得以统一北方。

高长恭

高长恭本名高肃,长恭为其字。高长恭是高澄第四子,史书称其"貌柔心壮,音容兼美",可见是一位外貌柔美、内心壮勇的美男子。

564年十二月,北周军队包围了金墉城,高长恭率五百骑兵突进北周的包围圈,直至金墉城下。因当时的头盔遮住面部的面积较大,金墉城的齐军无法确定来人是高长恭。于是,高长恭摘下头盔表明身份。随后,高长恭在城内弓弩手的帮助下,成功将敌军击退。为了歌颂兰陵王,北齐还编写了《兰陵王入阵曲》。如今许多人传言高长恭上战场戴面具,便是出自这里。

杨坚建隋灭陈

578年六月，统一北方的周武帝宇文邕驾崩，年仅三十六岁。其子宇文赟继位，是为周宣帝，时年二十岁。周宣帝不是一位合格的君主，他在父亲死后一点也不悲伤，甚至埋怨父亲死得太晚了。除此之外，他还杀害了颇有威望的宗室宇文宪。

579年二月，周宣帝觉得当皇帝不好玩，于是便把皇位传给了年仅七岁的长子宇文阐，是为周静帝。周宣帝则自称为天元皇帝。

一年多后，宇文赟这位天元皇帝去世，朝政便落入了大臣杨坚之手。杨坚是周宣帝的岳父，也就是周静帝的外公。杨坚掌权后，相继解决了一批对其有威胁的大臣，为他的嬗代事业做好了铺垫。

581年二月，杨坚将外孙周静帝的皇位抢了过来，自己当了皇帝，国号为隋，他便是隋文帝。当然，杨坚并没有放过这个有着潜在威胁的外孙宇文阐，在当年五月便派人将其杀害。

此时，对于杨坚来说，只要消灭南陈，他便统一天下了。

陈武帝陈霸先于557年十月建立南陈，在559年六月便去世了，在位时长还不到两年。陈霸先临终时，其唯一幸存的儿子陈昌尚在北周，于是他的侄子陈蒨便在众人推举下为帝，是为陈文帝。虽然很快北周放陈昌回到南方，意欲搅乱陈朝国政，不过陈昌这枚棋子却被陈文帝派人杀死了。

陈文帝陈蒨在位时，曾多次阻击北周的进攻，颇有威望，后于566年四月去世。之后，其长子陈伯宗继位。陈伯宗在位时，朝政大权被其叔陈顼掌管。568年十一月，陈顼废陈伯宗为临海王，自己称帝，是为陈宣帝。

582年正月，陈宣帝去世，其长子陈叔宝继位，是为陈后主。陈叔宝（553—604）虽然才学满腹，但是没有治国的才能，整天只知道沉迷于声色，国事日渐衰败。南陈本来就疆域颇小，比之前的东晋、南朝宋、南齐、南梁的国土面积都要小很多，与北方可以说是划长江而治。

588年十月，隋文帝向天下宣布，要讨伐南陈。599年正月，隋代名将韩擒虎渡江，攻入南陈都城建康，陈后主却和妃嫔躲到井里，完全没有一国之君的仪态。

至此，南朝陈灭亡，自西晋永嘉之乱以来，将近三百

两晋南北朝

第八章 南北一统

年，天下终于重归一统。动乱的两晋南北朝时期结束，而属于隋文帝的时代已经来临。

> ❀ 思 考 ❀
> （一）终结两晋南北朝的人是谁？他在统一南北之事上主要做了什么？

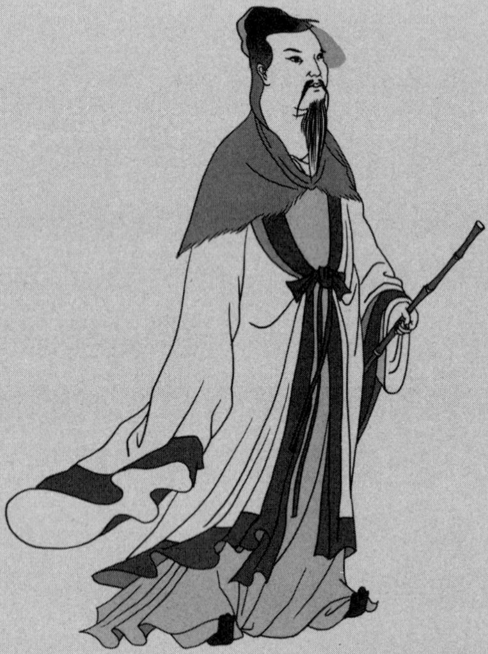

第九章 两晋南北朝的文学、艺术及生活

陶渊明的诗歌按照题材可分为田园诗、咏怀诗、行役诗与赠答诗。陶渊明的田园诗最为如今大众所熟悉,将田园生活与自我心境完美融合,被后世许多诗家推崇;行役诗则是他宦游时所作,他的为官履历也可以从诗中窥探;赠答诗则是陶渊明与朋友之间真诚友情的表达。

第一节 文学

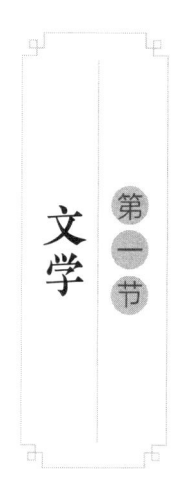

洛阳纸贵

在西晋的文坛中，没有出现如李白、苏轼一般知名度极高的文人，不过，西晋的一篇文章却诞生了一个成语，为西晋文学史增添了些许色彩，这篇文章便是左思的《三都赋》。

左思（约250—305），字泰冲，齐国临淄（今山东淄博市东北）人。其父左雍本来是小吏，后来担任了七品官的殿中侍御史。从我们之前对九品中正制的讲述来看，左思的家庭无疑属于寒门。事实也是如此，左思年轻时仕途不顺，他所作的《咏史》组诗也是在抒发寒士的不平，比如其中有"何世无奇才，遗之在草泽"的句子，很明显是在

对当时的九品中正制进行批判，认为这种制度会让奇才埋没。

左思的妹妹左棻入宫后，左家便迁居京城。左思前后花费十年时间构思这篇描绘魏、蜀、吴三国都城的《三都赋》。因为自身见识不够，于是左思请求并得到了秘书郎的职位，这样便可以查阅皇家图书了。值得一提的是，秘书郎在当时是非常清显的职位，一般只有高门子弟才能获得，左思能得到这个职位，可能与他妹妹左棻被晋武帝司马炎封为贵嫔有关。

为了让自己的文章流传更广，左思先是让名士皇甫谧为自己写序，又让文坛名流张载和刘逵为自己作注。因为《三都赋》不仅文辞优美，文中还谈到了三座都城的风物，见闻广博的大臣张华读后非常赞赏，认为左思的文笔可以和东汉的文赋大家班固和张衡媲美。一时之间，左思声名大噪，豪门文士争相传抄，洛阳的纸价都上涨了，这便是"洛阳纸贵"一词的由来。名士陆机是三国时东吴名将陆逊之孙，在东吴亡国后和弟弟陆云来到洛阳。陆机本来也想写"三都"这个题材，不过看到左思写的赋后，便为左思的文章所倾倒，也就此搁笔了。

如果以书写材料来划分,西汉造纸术出现之前的时代可以称为帛简时代,大家普遍采用绢帛和竹简书写,东汉蔡伦改进造纸术之后,人们逐渐开始使用纸张。不过当时的纸还是一种略为不足的新型材料,不能取代绢帛与竹简。到了西晋,随着造纸术的进步,那时人们习惯用纸书写,无须采用昂贵的绢帛和笨重的竹简了,可谓正式进入了纸的时代。东晋末年,权臣桓玄还曾下诏,命令不得用竹简作为书写材料。从考古成果来考察,如今发现的西晋墓葬还偶尔有简牍出土,东晋之后便没有了。

潘岳和陆机、陆云兄弟

左思之外,西晋还有几位文学家值得我们关注,那就是潘岳与陆机、陆云兄弟。

潘岳(247—300),字安仁,荥阳中牟(今河南中牟县东)人,后世多称其为潘安。其人容貌俊美,所以"貌比潘安"也成为美男子的形容词。不过我们前面也提到过,潘岳曾经帮助贾南风加害司马遹,人品较为低劣。潘岳后来官至散骑侍郎这样的清贵之职,但其早年仕途不顺,所

以他的早期诗歌多在抱怨或者宽慰自己，比如他的名篇《河阳县作诗》就有"譬如野田蓬，斡流随风飘"的句子。潘岳后期仕途顺遂，诗歌也颇为奢靡化，比如和石崇、贾谧等人写的诗中便尽显奢华之色。当然，潘岳的文辞华美，其赋更被时人与后世推崇，《悼亡赋》与《西征赋》更可谓名篇大作。

陆机（261—303）和陆云（262—303）兄弟是名将陆逊之孙，来自吴郡吴县（今江苏苏州市），二人都名列二十四友。凭借优秀的家世，二人的仕途颇为顺遂。不过，在八王之乱中，陆机在成都王司马颖帐下，于303年奉命攻打长沙王司马乂，兵败后为司马颖所杀。临刑的时候，陆机感叹道："欲闻华亭鹤唳，可复得乎！"华亭是陆机陆云的庄园所在地，在如今的上海市。陆机在临死时怀念鹤鸣，这是在后悔没有听从好友们劝他急流勇退的建议，故而这个故事被《世说新语》收录到了"尤悔篇"。其弟陆云也受牵连被杀，这便是"鹤唳华亭"的典故。陆机的诗歌佳作，主要描写他追求功名道路上的忧思和在洛阳仕宦中的孤独，如《赴洛道中作诗》和《赠从兄车骑诗》。其诗辞采丰赡，用词精巧绝伦，颇有曹植之风采。其弟陆云也颇有文才，擅长作四言诗，辞采也非常精妙，他与陆机一样都擅长模拟前人诗歌，在诗文创作上颇有成就。

玄言诗和游仙诗

文学到了东晋，其前期和中期的诗坛，以玄言诗和游仙诗最为重要。

较之西晋，东晋玄学论辩的风气更为盛行（玄学相关内容我们会在下节做详细叙述），以王导、谢安等为首的高门大族也热衷于谈论玄学，加上佛学与玄学的接近，众多名僧也加入了谈玄的队伍。东晋初年的几次北伐均以失败告终，这更让大族名士们对北伐感到悲观，让他们更加热衷于山水与谈玄，进一步让玄言诗得以发展。在如今看来，玄言诗的表面内容虽然是山水，但是我们很难从玄奥的字句中感受到诗人对山水的热爱，反而能琢磨出一些哲理。玄言诗的代表诗人是名士孙绰和许询，孙绰参与了兰亭会，王羲之所汇《兰亭诗集》的作品也多是玄言诗。除此之外，名僧支遁和释慧远也是善于作玄言诗的高手。

游仙诗的佳作开始于曹植，不过以游仙为题材的诗歌

可以追溯到战国时期。一般认为，游仙诗的诗人们是嫌弃天下九州的局促，便开始在天上开通道路，这些不得志的诗人，借此来抒发胸中牢骚。东晋游仙诗的代表诗人，首推郭璞。

郭璞（276—324），字景纯，河东闻喜（今山西闻喜县）人。其人是一位占卜大师，精通易学，同时还是一位训诂学的高手，对《山海经》和《尔雅》等经典进行了注释。可惜的是，王敦作乱时，作为其参军的郭璞为其占卜出失败，并预言王敦即将大祸临头，盛怒之下的王敦将郭璞杀害。郭璞的游仙诗写隐居高蹈之状，是他仕途不顺、壮志难酬心态的反映。

东晋后期的文坛，较为出彩的还有谢混、殷仲文、顾恺之、桓玄等人。其中谢混的山水诗和顾恺之的咏物赋都颇有特色，但是相比同时期的陶渊明与之后南朝的诸位文人，还是略显不足，无法在文坛上绽放更大的光彩。

田园诗人陶渊明

这一小节，我们要讲述的是东晋诗人陶渊明。

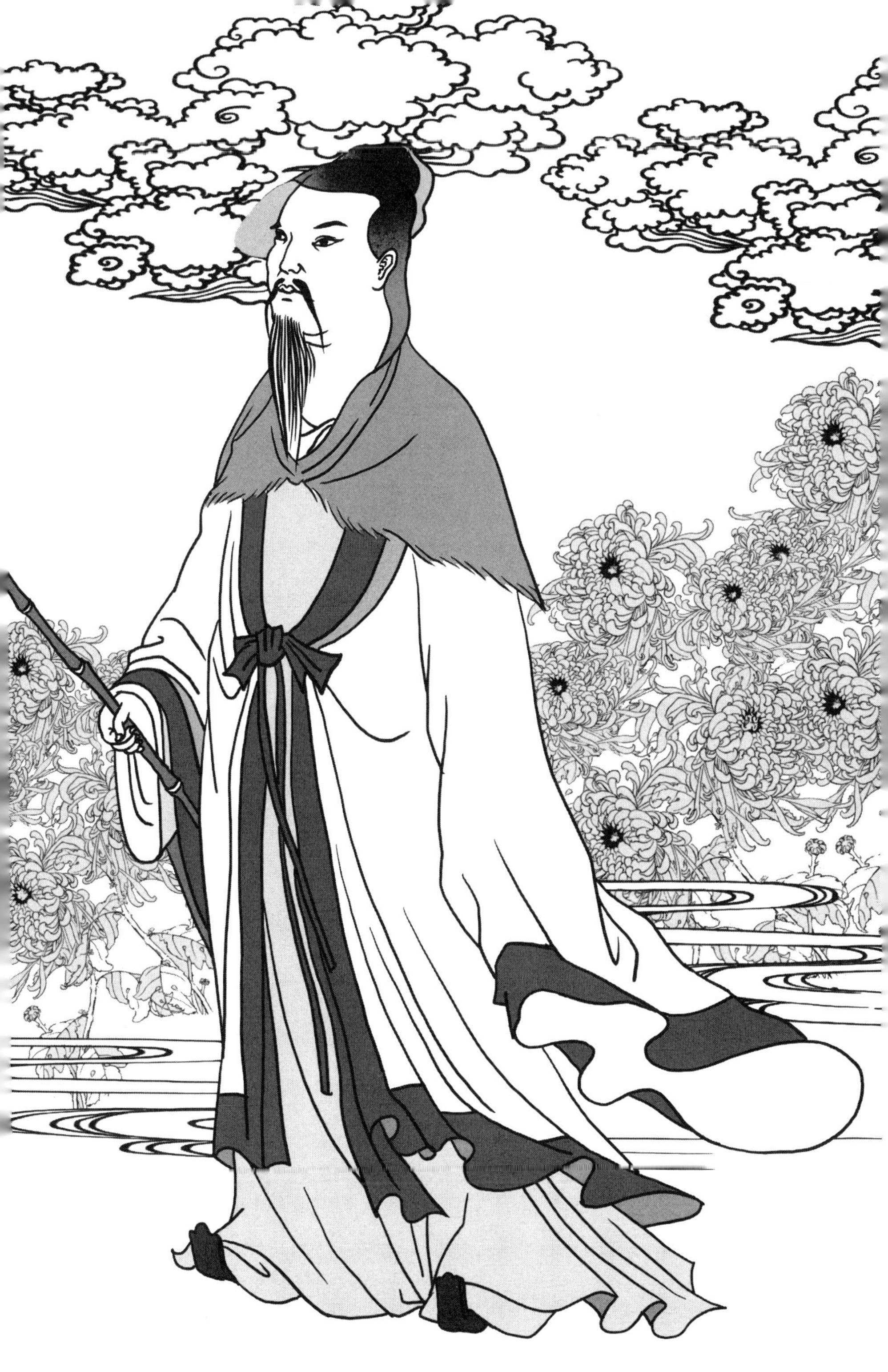

大家对陶渊明的标签一般是"诗人""归隐田园"等，很少会把他和上层政治挂钩。其实，陶渊明曾先后担任过王凝之、桓玄、刘裕、刘敬宣等人的下属，而这几位都是我们前面章节中出现过的上层人物。

那么，大诗人陶渊明是怎么和这些政坛大佬联系到一起的呢？

陶渊明，字元亮，寻阳柴桑（今江西九江市西南）人。陶渊明也算是名门之后，他的曾祖父便是都督八州的长沙公陶侃。陶侃去世后，他的势力便被庾亮兄弟瓜分了。陶渊明的祖父陶茂没有继承爵位，留在了老家寻阳，官至武昌太守。陶渊明的父亲名字不详，据陶渊明的《命子》诗记载，也应该做过官。

陶渊明的生年有很多种说法，但大致是在365年至369年。陶渊明的出身，决定了他是可以出任一些普通官职的。他的第一个官职便是江州刺史王凝之的祭酒，负责江州地方上的诸多杂事。但陶渊明生性闲散，没做多久便辞职了。

400年，陶渊明再一次出现在历史舞台上，身份是荆州刺史桓玄的僚佐。此前我们说到，桓玄在399年吞并了

两晋南北朝

第九章 两晋南北朝的文学、艺术及生活

殷仲堪和杨佺期，陶渊明大概就是在这前后投奔了桓玄。陶渊明的外祖父孟嘉曾是桓玄父亲桓温的高级幕僚，两家可以算得上是世交，所以陶渊明担任桓玄的僚佐并不奇怪。陶渊明的《庚子岁五月从中都还阻风于规林》便证明，他在400年五月曾奉桓玄之命出使京城，可见陶渊明在桓玄手下算是有一定身份的人。

401年冬天，陶渊明的母亲去世。按照东晋礼制，他得回家守孝二十五个月，如此推断，他守孝期满应该是403年的冬天或者404年的春天。我们可以很惊喜地发现，陶渊明很完美地错过了桓玄起兵篡位事件，桓玄在建康风起云涌的时候，陶渊明正在家里守孝。

404年二月末，刘裕讨伐桓玄。没过多久，陶渊明的身份变成了刘裕的参军。推其缘由，这可能与陶渊明曾经在桓玄手下任职的经历有关，刘裕需要这样一位人物的帮助。

405年三月，陶渊明已经不再担任刘裕的参军，转而成为江州刺史、建威将军刘敬宣的参军。原来，刘敬宣回到东晋后，任职江州刺史。北府将领刘毅此前和刘敬宣有过节，且刘毅在剿灭桓氏中功劳仅次于刘裕，于是刘敬宣

深受刘毅排挤,不得已之下才请辞江州刺史之职,刘敬宣正好在这年三月转任宣城内史。陶渊明目睹了这场内斗,使得他有了远离上层官场的想法。

据《归去来兮辞》序言:405年八月,在叔父太常卿陶夔与某镇诸侯(疑是刘裕,因刘敬宣此时不再是诸侯)的帮助下,陶渊明离开上层官场,在家乡附近的彭泽县(今江西湖口县东)担任县令。十一月,陶渊明的妹妹在武昌去世,是月,陶渊明辞官,归隐田园,从此不再踏入仕途。

陶渊明辞官,最为大家熟悉的理由便是因他不愿意整理仪容去拜见上面派来的督邮,并表示不为五斗米折腰。陶渊明生性耿介高洁,也曾在上层官场待过好几年,他因不能忍受上层争斗而选择到地方上任职,自然也可能因为不愿意卑躬屈膝而辞去地方职位。

文学史的研究者们一般认为,陶渊明是两晋南北朝时期成就最高的作家。陶渊明擅作诗文,其文章如《桃花源记》《五柳先生传》《归去来兮辞》等文学价值都很高。不过陶渊明的主要文学成就在诗,他的诗名在当时不显,后来经过南朝梁昭明太子萧统的推崇以及宋代苏轼、朱熹等人的弘扬,陶渊明成为中国诗歌史上最伟大的诗人

两晋南北朝

第九章 两晋南北朝的文学、艺术及生活

之一。

陶渊明的诗歌按照题材可分为田园诗、咏怀诗、行役诗与赠答诗。陶渊明的田园诗最为如今大众所熟悉,将田园生活与自我心境完美融合,被后世许多诗家推崇;行役诗则是他宦游时所作,他的为官履历也可以从诗中窥探;赠答诗则是陶渊明与朋友之间真诚友情的表达。

陶渊明的咏怀诗也颇有成就,如《读山海经》里的"精卫衔微木,将以填沧海"就写出了不凡的气势。他的咏怀诗大都是针对史事或现实而发,比如著名的《饮酒》二十首、《拟古》九首、《杂诗》十二首等。陶渊明去世于427年,此时东晋已灭亡7年,他的另一个名字陶潜可能就是东晋灭亡后所改。

五斗米

陶渊明所说的五斗米,究竟指的是什么呢?斗是古代的容量单位,东晋的一斗等于十升,当时一升约等于现在的0.25升,也就是说五斗米约等于现在的12.5升大米,如按照每升可以容放0.8公斤大米来估算,五斗

> 米也就相当于十公斤大米。陶渊明任彭泽县令，当时的俸禄一般是一半钱一半米，有学者估算陶渊明的禄米大概是420斛，即4200斗。五斗米无论是日俸还是月俸，都说不过去。
>
> 其实，这个五斗米更有可能是陶渊明一个人的口粮。据《梁书》《南齐书》《南史》等史料，当时普通士人一个月赖以生存的口粮是四斗到六斗。陶渊明的五斗米，正好在此区间。一个月十公斤米，平均一天六七两米，确实也是够吃的。所以，陶渊明的意思可能是"我只要五斗米的口粮就能活一个月，没必要为了这口吃的而去逢迎别人"。

刘宋文坛

南朝宋一朝的文坛，相比于东晋一朝，是要精彩许多的。东晋的大诗人只有陶渊明一位，然而在刘义隆在位的元嘉时期，有三位诗人都足以留名诗史，那便是人称元嘉三大家的谢灵运、颜延之和鲍照。

两晋南北朝

第九章 两晋南北朝的文学、艺术及生活

谢灵运和颜延之年龄相仿，谢灵运出生于 385 年，颜延之出生于 384 年，二人因文名并称"颜谢"。

谢灵运（385—433）出身陈郡谢氏，名公义，灵运是他的字，是东晋名将谢玄之孙，在之前的篇章里出现了多次。相比之下，颜延之（384—456）的出身就一般了。颜延之，字延年，琅邪临沂（今山东临沂市西北）人。他自幼家境贫寒，东晋末年做了十年左右的参军、主簿之类的官职。颜延之在江州任职时与陶渊明交好，关系匪浅。之后，颜延之与谢灵运成了庐陵王刘义真的亲信，后来二人都被外放为太守。424 年，颜延之赴任时路过寻阳，再次与陶渊明共饮，可谓一时之佳话。三年后陶渊明去世，也是颜延之帮他写的诔文。后来，颜延之在刘宋宦海沉浮，最后官至光禄勋、太常等高官，453 年方才致仕，三年后去世。然而谢灵运却因性格傲慢、多方结仇，最终被人诬陷以叛逆之罪在 433 年被绞杀。

谢灵运和颜延之都非常重视文辞的雕琢刻镂，不过二人还是有区别的。

谢灵运致力于山水风光的捕捉，在景物中融入自身的情感，可谓突破了东晋玄言诗的藩篱，所以被后世称为

山水诗之祖。谢灵运的诗歌非常注重声色的描绘，这应该与他善于绘画有关，比如《入彭蠡湖口》和《晚出西射堂》二诗都是写绿色，却在明暗浓淡上各有不同。除此之外他还善于使用拟人的修辞技巧，让整个大自然都充满了生命。

颜延之则主要在用事和谋篇中雕琢，缺乏自然生动的韵致，不过他的名篇，如《北使洛》与《还至梁城作》，也都是情感充沛、典雅重拙之作，不是两晋时期一般诗作可以比拟的。颜延之的散文和骈文成就都颇高，其名作《庭诰》在朴素中见真情，《赭白马赋》中对骏马的描摹被后世广为推崇。

鲍照虽然与谢灵运、颜延之诗名并列，但是他们并不算是一个时代的人。鲍照字明远，祖籍东海。其人生年不确定，一般认为他出生在414年左右，比颜谢二人小了三十岁左右。鲍照出身低微，一直沉沦于下层。439年，临川王刘义庆任江州刺史，鲍照以诗言志，得到了赞赏。不过鲍照的仕途算不上顺遂，他最高的职位也只是担任县令。令人唏嘘的是，他在466年死于刘宋后期的动乱之中。因鲍照曾担任参军之职，后世多称其鲍参军。

两晋南北朝

第九章　两晋南北朝的文学、艺术及生活

鲍照的诗歌成就很高,他的乐府诗代表作是《拟行路难》组诗十八首。在这十八篇里,有的借鉴了民歌里刚健清新的风格,语言华美而自然,有的则是抒他自身仕途的失意,在慷慨悲凉中感染着读者。

除了元嘉三大家,刘宋文坛中还有不少文人值得一提。比如谢灵运的族弟谢惠连与族侄谢庄、鲍照的妹妹鲍令晖、鲍照的友人汤惠休、"江郎才尽"的江淹等人。其中,当属江淹成就最高,其拟古诗写得很不错,其文赋更是冠绝当时,名篇《恨赋》与《别赋》为后世传诵,一句"黯然销魂者,唯别而已矣",道尽了离别之苦。江淹晚期虽然文学成就不如前期,但总体还是一位颇为优秀的文人。

刘义庆与《世说新语》

刘义庆(403—444),字季伯,本是刘裕二弟刘道邻的次子,因刘裕三弟刘道规没有子嗣,于是刘义庆被过继给了刘道规,袭封爵位南郡公。刘义庆自幼才华出众,聪明过人,爱好文学。

两晋南北朝

第九章 两晋南北朝的文学、艺术及生活

> 《世说新语》则是刘义庆组织门客编写的文言志人小说集,涵盖朝代从东汉到南朝宋,主要记载东汉后期到魏晋间一些名士的言行与逸事。《世说新语》可谓魏晋小说的集大成者,同时也是魏晋南北朝时期笔记小说的代表作。南朝梁时期,刘孝标给《世说新语》做了注释,后世颇为推崇。

北地三才

北朝文坛的本土作家,最值得提及的便是北地三才,即北魏的温子昇、北齐的邢劭与魏收。

温子昇(495—547),字鹏举,济阴冤句(今山东菏泽市西南)人。其人因文才而显贵,官至金紫光禄大夫、散骑常侍、中军大将军。北魏一些重要的朝廷文告,均出自温子昇之手。后来,东魏孝静帝元善见密谋反对权臣高澄,温子昇受牵连下狱,最终被饿死。温子昇最擅长骈文,梁武帝认为其是"曹植、陆机复生于北土"。北魏的济阴王元晖业则认为他足以和南朝的颜延之、谢灵运、沈约等人并

称，这当然有夸饰之嫌。不过温子昇的名作《韩陵山寺碑》运用典故的艺术颇为时人称道，确为佳作。其诗作中较有特色的描写北地风光的小诗如《白鼻䯄》，颇有北朝精神。

邢劭（496—561），字子才，河间鄚（今河北任丘市北）人。早年曾任北魏宣武帝元恪的"挽郎"（皇帝丧仪中唱挽歌者），他曾历任骠骑将军、西兖州刺史、中书令、国子祭酒。邢劭为人不拘小节，博闻强识，和温子昇并称"温邢"。邢劭的许多诗作颇有魏晋遗风，略似阮籍的《咏怀诗》，不过其辞藻又与南朝齐梁文风相近，可谓深得融合之特色。当然，因受齐梁诗歌影响，邢劭与温子昇的诗歌有时也会讲究音律对偶，这里又显现出南北融合的趋势了。

魏收（507—572），字伯起，巨鹿下曲阳（今河北晋州市西北）人。魏收自矜文才，在他撰写的《魏书·自序》中便有吹嘘，他还曾借引北齐文襄帝高澄的话，贬抑温子昇和邢劭。魏收虽有才华，但是许多人对他却不大重视。据说，南朝的文坛盟主徐陵出使北齐南归时，魏收把自己的文集送给他，想让他"传之江左"，徐陵渡江时把它投入水中，说"吾为魏公藏拙"。魏收的诗除了模仿齐梁诗歌，较有个人色彩的并不算多。不过据说魏收的赋较为出彩，他曾称"会须作赋,方为大才士",可惜这些作品都已失传了。因此如今来看,魏收的文学成就在北地三才中只能屈居末位了。

魏收与《魏书》

与南朝的沈约一样,魏收除了是一位文学家,还是一位史学家,他的代表作便是二十四史之一的《魏书》,叙述了北魏、东魏、西魏三朝的史书。因为魏收个人的性格与品行问题,许多人都对《魏书》颇有微词,比如唐代史学家刘知幾就认为书上错误太多。不过也有史学家如李延寿认为《魏书》的内容非常详备,称赞"追踪班、马,婉而有则,繁而不芜,持论序言,钩沉致远"。可见,《魏书》作为最基本的史料,还是有比较高的史学价值的。

北朝文学

北朝文学中，文学成就最高的还属从南方渡江而来的庾信。

庾信（513—581），祖籍南阳新野（今河南新野县），和徐陵是简文帝萧纲文学集团的重要成员，二人并称"徐庾"。545年，三十三岁的庾信出使东魏，和东魏的文人讨论了辞赋，为当地的文士所称赞，返回南方后，任建康令。547年十月，侯景叛乱，兵临建康城下，庾信被派去守卫朱雀门。庾信无统御之才，弃军而逃。城破后，庾信辗转逃至江陵。554年四月，梁元帝萧绎派庾信出使西魏，不过江陵在当年十二月便陷落了，庾信就此留在了北方。西魏权臣宇文泰对庾信颇有恩宠，庾信接连升职，官至骠骑大将军、开府仪同三司，后世称其为"庾开府"。北周建立后，庾信虽然官位没有在西魏那么高，不过也算顺遂，官至司宗中大夫。

庾信的创作可以分为前后两个阶段，第一个阶段是在南朝梁时，文风绮丽，主题也难逃大部分宫体诗作家的范畴，但是已经显现出过人的才华，与一般的南朝作家相比，

两晋南北朝

第九章 两晋南北朝的文学、艺术及生活

庾信用典虽然繁复，但是多归于自然，艳丽中多了清新之感，在声律上也非常和谐。

来到北方后，"乡关之思"改变着庾信诗歌的风格，由清新转换为苍劲，被后人誉为"穷南北之胜"。杜甫也在《咏怀古迹》中评价他"庾信平生最萧瑟，暮年诗赋动乡关"。毕竟庾信的思乡不仅仅是羁旅之苦，还包含了亡国之痛。庾信《拟咏怀》二十七首，便是他后期诗歌的代表作，在用多种手法描写乡关之思的同时，也蕴含了对格律诗良好的把握，故而被李白、高适等大唐诗坛名家效仿。

相比诗歌，庾信更大的成就在于辞赋，其代表作是《哀江南赋》和《枯树赋》。其中，《哀江南赋》概括了一代兴亡，描写了一国之苦难，文采和音节中都透露出了沉郁和苍凉的骨力，可谓六朝辞赋中难得的佳作。

与庾信同样来到北方的南朝文士很多，其中最著名的便是王褒。王褒年龄与庾信相仿，不过他比庾信早几年去世。

王褒（513—576），字子渊，为东晋名相王导之后，他在南朝梁时官至尚书左仆射，也曾向梁元帝多次进谏，不过并未得到采纳。后来，江陵城被西魏攻陷，王褒也来到

了西魏，权臣宇文泰也授予其高位，官至车骑大将军、仪同三司。北周建立后，王褒和庾信一样，也颇受北周君臣重视，主要负责起草诏令，官至太子少保。

与庾信不同，来到北方后，王褒的诗风并没有太多改变。从现存诗歌来看，王褒并不喜欢用典故，在写景和赠别题材上比较擅长，前者名作如《山池落照》和《始发宿亭》，后者名作如《别陆子云》，对唐人诗歌的影响颇大。除此之外，王褒还擅长写边塞诗，他的《燕歌行》甚至让北周的君臣争相和诗。

除了庾信和王褒及北地三才，该阶段的北朝文坛值得说一说的还是北朝民歌。

我们现在能见到的北朝民歌，绝大部分都保存在《乐府诗集》"梁鼓角横吹曲"中。横吹曲是军中将士在马上吹奏的曲子，因而得名。至于为何保存在"梁"，可能是东晋到南梁时由北方传入的，比如刘裕北伐南燕和后秦时，就有机会得到慕容鲜卑和羌族的乐曲，从而流传下来。

北朝民歌大部分讲述的是北方民族的生活，比如描写豪侠健儿的《琅邪王歌辞》，也有描写社会苦难的《雀劳利歌辞》，还有描写从军生活的《企喻歌辞》。当然，最为著名的当属《敕勒歌》和《木兰辞》。前者我们在讲玉璧之战的时候提到过,后者描写了北魏女子木兰替父从军的故事,是一首优秀的长篇叙事诗,堪为千古杰作。

❀ 思 考 ❀

(一)你对大诗人陶渊明的归隐有什么看法?

(二)南朝宋文坛最杰出的三位诗人是谁?他们的诗歌都有什么特征?

(三)被称为"穷南北之胜"的文学家是谁?他有什么不一样的人生经历?

第二节 思想、科技与艺术

玄学

在曹魏时期，诞生了一门新的学术流派，它不同于之前的儒家和道家，而是介于儒家和道家之间的一门学问，那便是玄学。

玄学为何会诞生，还得从曹魏说起。魏文帝曹丕在曹操死后篡位自立，建立了曹魏。虽然自汉武帝以来，官方一直在利用儒家与法家思想统治国家，不过在对百姓道德方面的约束还是依靠儒家的名教和礼法。曹家这种篡位行为，已经隐约让经历了汉末大动乱的大多数人对名教和礼法的合理性产生怀疑。如前面所说，司马家经历三代篡位成功，终结了只有四十多年历史的曹魏政权，却和曹家一样仍然在用儒家的名教和礼法约束天下。

试问，曹家和司马家都是靠篡位取得皇位，他们让大臣和百姓忠诚于自己，要讲究信义，自己却干出了背信弃义和篡位夺权的事情。这种名实不副、理想和现实严重撕裂的行为，让那个时代的思想家们都在思索：我们究竟需要一种什么样的哲学思想，或者统治工具呢？

儒家？在他们看来肯定是不行的，因为当时儒家的名教已经被上层给异化了，它名义上是追求忠孝礼义，背地里却做着与名教严重对立的事情。

道家？道家虽然更让人自由，然而无穷的自由也是不受约束的，汉末黄巾起义的宗教基础太平道，其实就是一种道家的世俗化产物。

这个时代的思想家在迷茫，行为在放荡：他们有的喜欢用妆粉敷面，有的喜欢脱衣裸奔，还有的喜欢服用五石散这种对身体有害的药品。这时候，他们想到了：为什么不能有一种名教，既不是被异化的名教，也不是之前那种普通的名教，而是一种可以和自然相结合的名教呢？

儒家推崇名教，道家效法自然，如果名教能与自然结

合，这种儒道兼容的哲学思想是否会更适合这个时代呢？是的，这便是玄学，一种将名教与自然结合的哲学思想。

玄学家们虽然经常是用《周易》《老子》《庄子》等"三玄"著作的文本作为材料，但其实他们更多时候是在讨论名教与自然，讨论这个时代更应该如何治理，更需要一个什么样的君王。虽然他们的理想被现实无情地摧毁，但是他们终究努力过。

魏晋时期的玄学一般可以分为以下几个阶段：

第一阶段是正始玄学，代表人物为王弼与何晏，他们开创了玄学。正始是魏帝曹芳的年号，时间在240年至249年，249年便是高平陵之变的年份。何晏因依附于曹爽兄弟而被司马家诛杀，王弼也受到株连，不久郁郁而终。

第二阶段为竹林玄学，代表人物为竹林七贤中的阮籍和嵇康，他们都在玄学中构建了一个理想时代。嵇康是曹家的女婿，因不愿意党附司马家，又宣称反对司马家所宣扬的名教，最终于262年前后被司马昭杀害。阮籍拒绝与司马家结亲，佯狂痛哭，被迫为司马昭写劝进表，于263年病逝。

第三阶段为西晋玄学，代表人物为裴頠和郭象。裴頠虽然致力于维护司马家关于名教的部分，但是他却深陷权力的旋涡之中，八王之乱爆发后，他在 300 年被赵王司马伦杀害；郭象可谓玄学的集大成者，他注释了《庄子》，开创了独化论玄学。他很幸运地躲过了八王之乱的倾轧，死于 311 年，也就是西晋灭亡的前夕。

第四阶段为东晋玄学，这一阶段的名士们热衷于对玄学的讨论，也是被后世称为玄学清谈的代表时代，代表人物有殷浩和刘惔等人。然而这个时代的玄学家们没有什么独到的思想，玄学也就此落寞，逐渐落下了帷幕。

五石散

鲁迅先生在《魏晋风度及文章与药及酒之关系》一文中，便谈到了魏晋名士与五石散。曹魏名士何晏喜爱服用五石散，其配方有多种说法，较为常见的一种是石钟乳、石硫黄、白石英、紫石英与赤石脂。这种药品在现在看来自然是对身体有害的，不过当时的名士却喜欢服用，可以说是名士圈的潮流。

> 名士们服用五石散之后还需要"行散",就是通过走路散发药效,不久就会发烧,故而魏晋名士会有裸衣的行为。名士们发烧之后又会出现发冷的现象,据说还必须得吃冷食才行,且不能喝酒,所以五石散又被称为寒食散。

石窟艺术

佛教促进了民间雕塑艺术的发展,其中以敦煌莫高窟、云冈石窟、龙门石窟和麦积山石窟等最为著名。

敦煌莫高窟位于甘肃敦煌市东南的鸣沙山,始建于十六国时期,现存洞窟七百多个,其洞窟的北朝雕像的造型大多额部宽广,鼻梁高隆,薄唇髦发,衣纹贴体,是典型的南北朝初期的雕塑风格。

云冈石窟位于山西大同市西郊的武周山,北魏时期开始开凿,主要洞窟四十五个,东西绵延一公里,有佛龛一千一百多个,造像五万九千多尊。在佛像造型上多属印度犍陀罗风格,高鼻通额,两耳垂肩。这些佛像神情威严,

两晋南北朝

第九章 两晋南北朝的文学、艺术及生活

气势不凡。

龙门石窟位于河南洛阳市南郊，又称伊阙石窟。北魏晚期，龙门造像盛极一时，此后各朝都有雕造，合计龛窟2345个，雕像十万余躯。龙门雕像的技法趋向精致，造型厚重匀称，脸型温和秀润，衣服由贴体走向宽松，衣纹渐趋流畅。风格已不像云冈石窟那样粗豪雄伟，而是向修长秀丽、精雕细刻的方向发展。

麦积山石窟位于甘肃天水东南的群山之中，后秦时期开始开凿。现有龛窟二百二十一个，大型雕像一千余尊。麦积山石窟的雕像身躯一般都瘦削修长，肩阔腰细，衣纹贴身流畅，面相清俊秀丽，表情自然活泼，富有生活气息，表明佛像雕塑已经中国化了。

绘画、书法与音乐

绘画方面，我们之前简单介绍过东晋的顾恺之，顾恺之后，南朝的绘画名家有陆探微和谢赫、宗炳、张僧繇（画龙点睛的主人公）等人。其中谢赫在绘画理论上多有贡献，他主张绘画是为当时的社会制度服务的，还提出了画

两晋南北朝

第九章 两晋南北朝的文学、艺术及生活

的"六法"：分别是人物的气韵生动、线条的骨法用笔、场面的应物象形、色彩的随类赋予、布局与结构的谋划、多多学习与临摹名作等。北朝时的绘画名家则有杨子华、刘杀鬼、田僧亮、曹仲达等人，其中曹仲达的人物画有稠密的细线而衣服紧窄，与唐代画圣吴道子齐名，被后人称为"吴带当风，曹衣出水"。

书法方面，除了之前已经讲过的王羲之、王献之父子，值得一提的是东晋书法家卫铄，她是西晋书法家兼大臣卫瓘的族孙女，同时也是王羲之的老师。她著有《笔阵图》阐述执笔、用笔的方法。比如她认为横应该像"千里阵云"；点应该像"高峰坠石"；撇应该像"陆断犀象"；竖应该像"万岁枯藤"等。卫夫人认为，写字时"下笔点画；波撇屈曲，皆须尽一身之力而送之"。在卫夫人、王羲之、王献之后，南朝书法家的代表字体有：羊欣的楷书、孔琳之的草书、萧思话的行书、范晔的篆书、萧子云的楷书等，其中的正宗当属王羲之和王献之的楷书。至于十六国和北朝方面，其书法受到了东晋南朝的影响，这从他们抄写经书的真迹就能看出来，现存许多写经真迹大多是在楷书中加以隶法，笔法有隶书的茂密和楷书的逸气。

音乐方面，自从永嘉之乱后，原先的乐府机构逐渐衰败，没有人去整理中原的音乐了。此时，所谓的"中原正声"被内迁到中原的各族音乐所影响和感染。如盛行于十六国北朝时的《西凉乐》，便是太武帝拓跋焘在平定凉州时所得的，之后经过北朝的改造，成为新的音乐；再如前秦末年流行的《龟兹乐》，是由如今的新疆地区传播到中原一带，直到隋唐时期的《龟兹乐》都颇有影响，其代表乐器竖箜篌、琵琶、笙、羯鼓、笛等十五种，可谓是精彩纷呈。至于此时的南朝音乐，代表当推《清商乐》，其前身是汉代的《相和歌》，后来经过江南地区的《西曲》《吴歌》加以改造，歌词内容大大丰富，其代表乐器有钟、磬、琴、瑟、笛、箫、筝、埙等十五种。

科技

这里我们简单谈一下两晋南北朝的科技成就。

数学方面最值得一提的便是南朝宋的祖冲之，他在魏晋数学家刘徽的基础上，采用开密法，将圆周率精确到小数点后七位，即算定圆周率是在 3.1415926 与 3.1415927 之间，欧洲直到一千多年后的 1573 年，才由德国的奥托算到这一精确值，祖冲之及其父的数学著作《缀术》也成了唐朝的课本。

天文历法方面，东晋天文学家虞喜通过多年的观测与历年的天文记录，发现古往今来冬至点的位置不同。在此之前，人们都认为从上个冬至到下个冬至的时间就是一年，而虞喜却发现这个时间与太阳在天球上运动一周的时间不同，也就是说虞喜发现了岁差。祖冲之则在虞喜的基础上，用岁差改进了当时的历法《大明历》（大明是南朝宋孝武帝刘骏的年号）。

机械发明方面，西晋名将杜预发明了连机水碓，水碓是当时的人普遍使用的舂米的工具，杜预加上一个动力机械立式水轮后，效率大大提高了。同样在工具中加入机械装置的，还有西晋刘景宣发明的连转磨，这是一种节省劳力的畜力拉磨工具。后赵时，有一种名为司里车的工具——刘裕攻下长安时获得——又称为"记里鼓车"，这是一种可以记载里程数的车，颇为神奇。

思 考

（一）玄学主要分为几个阶段？代表人物都有谁？

（二）北魏最有名的石窟是哪几座？分别在现在的什么地方？

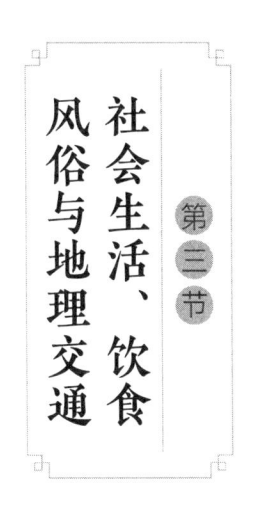

第二节 社会生活、饮食风俗与地理交通

🌀 科举前史：考试是怎么来的？

众所周知，隋代首创科举，开创了中国古代一千多年的科举史。那么，在科举出现之前，古代的人们如何取得官职呢？这一节，我们来讲一下《科举前史》。

在两汉及魏晋南北朝，中国古代的选官制度主要是以察举制和以九品中正制为依托的。我们在本书第一章便提到了九品中正制，这里我们主要讲述一下两晋南北朝时的察举制，并对九品中正制相关的选官部分做一些补充。

察举制出现在我国西汉时期，汉文帝曾在公元前178年下诏"举贤良方正能直言极谏者"，汉武帝曾在公元前

165年"初令各郡国举孝廉一人",这里面提到的几种科目,在两晋南北朝也是经常出现的。

贤良方正科和直言极谏科,这都是朝廷向官吏百姓"求言"的方式,一般是在发生灾害、动乱或者其他重大政治事件时,需要应征之人能够用"对策"的形式发表看法。

明经科、明法科以及"能治河者""勇猛知兵法"等科目,则是为朝廷招募特殊人才,明经是通晓经学,这在后世科举中也有出现,所谓"三十老明经,五十少进士",便是科举中明经科与进士科的难易程度对比。其他三种自然是研究法律、治河与兵法的人才。

秀才科与孝廉科,这两科最开始是没有考试的,分别由州、郡举荐,这种科目在两晋南北朝时也是有的,比如西晋李密在《陈情表》中曾说"前太守臣逵察臣孝廉,后刺史臣荣举臣秀才",便是太守和刺史分别向朝廷举荐李密。

尤异科与廉官吏科,这两个科目自然是针对已经身在官场的人士,前者是针对政绩非常突出的郡县长官,后者则是对下层官吏的政绩考察。

两晋南北朝

第九章　两晋南北朝的文学、艺术及生活

在汉代，官僚或者普通百姓，如果在这些科目的对策中表现优异，便会被授予官职。有的授予议郎、郎中等皇宫内的侍从官，有的则可以授予博士、县令、大夫等职位。当然，察举制的这些科目，都需要地方官员的推举。随着地方豪门大族的发展，有的州郡长官自然会倾向于推荐当地的豪族。久而久之，察举制推荐的人员，与我们之前谈到的九品中正制里的定品相似，变得名不副实了，甚至有了"举秀才，不知书"的情况。

到了魏晋南北朝时期，九品中正制参与到选官流程之中。州郡与朝廷的选官一般是有三个层次：其一是吏部铨选和三公之类的公府辟召，其二是州刺史辟召和举秀才，其三则是郡太守辟召和察孝廉。这三个层次也是需要有中正官给予的品定才能进行的，普通百姓是无法参与的。

当然，并不是当官就一定需要考试的。在魏晋南北朝，因为有了九品中正制的存在，如果门第够高，得到了州郡中正官的品定，那么这些世族官僚子弟就不需要去通过这些察举制的科目考试，也无须任何的履职经历，只需要在获得品定之后，由吏部铨选直接进入仕途。这自然是许多平民子弟可望而不可即的事情。所以，在魏晋南北朝时期，

许多高门子弟往往可以"弱冠入仕""起家为官",这都是帝制社会中统治阶层的特权。

不过,类似于州举秀才和郡察孝廉还是属于察举制的范畴。此时的察举制仍然在发挥着作用,比如在两晋时期察举制的科目有贤良、方正、直言、秀才、孝廉、良将等科。以秀才科为例,根据考生在考试中表现的不同,会分别授予议郎、中郎和郎中等三种官职,这些在魏晋九品的官制中(注意不是九品中正制),属于第七品和第八品的官职。

总体而言:魏晋时期开始,九品中正制的加入在一定程度上抑制了察举制的发展,也让许多寒门与平民子弟无缘得以在仕途上有更大的发展。

不过,寒门出身的南朝君主们还是对察举制非常看重的。比如,宋武帝刘裕在东晋掌权时,便着手恢复了如秀才、孝廉等察举科目的策试制度,在他继位后更是亲自策试各地前来的秀才和孝廉。梁武帝萧衍则特地在509年五月下诏,申明自己对寒门俊才的渴望,这也确实取得了一些效果,让不少寒门子弟得以跻身政坛。南朝君主们对兴建学校也非常看重,如宋文帝刘义隆和梁武帝萧衍便对此大力支持，后者更是立五馆、复国学，学生之众千余人，成为南朝之最。

隋朝开始的科举制，给了这些寒门与普通人更大的希望。然而，隋唐时期门阀大族仍然有较大影响力，故而科举在隋唐时期还不是主要的入仕途径，要等到宋代才能真正发扬光大。

乱世之货币

两晋南北朝战乱频繁，货币也不稳定，因此农民大多数的赋税缴纳、政府的财政收入都是以实物为主，最常见的当属布帛。布帛作为一种需要一定生产工序的产品，其实用性也是较高的。在货币不能大量流通的年代，布帛不仅会成为朝廷向老百姓征税收租的必备品，同时也成为老百姓日常交易所用的中间等价物了。当然，以布帛这种中间等价物去交易，也会造成许多不公平和不方便的地方。一来自然是布帛虽然有长宽标准，却很难有经纬疏密之分；二来布帛在很多时候需要裁剪才能完成交易，毕竟很多小物件的价值是抵不上一匹布帛的。长此以往，势必会导致

许多布帛被剪裁得零零碎碎，导致了大量的浪费。

两晋南北朝的乱世环境，使货币无法保持长期的统一，给当时的老百姓造成了许多不便，故而从经济角度看，盛世的稳定货币和物价，也是老百姓更为期待的。

那么，在动荡的两晋南北朝生活的下层百姓及上层官员们，除了使用布帛，那么他们该如何选择货币，才能保障自己的财产呢？

要明白这个问题，首先得了解西汉时期的五铢钱。自西汉开国以来，国家所用的货币有半两小钱、八铢半两钱、四铢半两钱、三铢钱等，到汉武帝元狩五年（前118年）时则出现了最为重要的五铢钱。这里的铢我们前面提到过，一铢为一两的二十四分之一。当时一斤约为250克，十六两为一斤，那么一铢约为0.65克。从出土实物的五铢钱来看，平均重量约为3.3克，钱径为2.5—2.6厘米，方孔边长为0.9—1.0厘米。

从后世沿用五铢钱数百年的情况来看，五铢钱的重量和面值，都非常适合当时的小农经济时代，故而有学者将西汉到隋朝的七百年货币时代称为五铢时代。

西汉以后，时常有政权会发行新的货币，比如王莽政

两晋南北朝

第九章　两晋南北朝的文学、艺术及生活

权的小泉直一和大泉五十（泉亦为钱义）、董卓执政时的小钱（重约0.7克，略大于一铢）、蜀汉政权的直百五铢，东吴政权的大泉五百和大泉五千、成汉的汉兴、北凉的新泉、大夏的真兴、东晋的沈郎钱和太元货泉等。

不过，这些货币并不能得到其他政权的承认，甚至本国或者本地内也无法广泛使用。直到北魏孝文帝在495年铸造了太和五铢钱，不久后的502年梁武帝也铸造了五铢钱，这才让钱币的交易网络逐步构建了起来。

为什么此前的这么多新铸货币难以得到百姓的认同，首先比较重要的一点，便是这些货币本身的价值太低。我们以大家认同度较高的五铢钱作为参照，它名为五铢钱，价值自然也是五铢；然而统治者一旦偷工减料，比如南朝宋时期的四铢钱和二铢钱，这种钱的购买力自然也越来越低；又比如重量超过五铢，但是面值却远远超过实际的，比如三国东吴时期的大泉五百，重量虽然是五铢钱的两倍多，但是面值却是一百倍，甚至还有重量约是五铢钱的五倍，面值却是一千倍的大泉五千。长此以往，必然会造成通货膨胀。故而，后世较为和平的政权如北魏与南朝梁还是选择使用材料与面额相配的五铢钱了。

除此之外，因汉末以来的战乱问题，从朝廷到百姓都对货币的依赖度降低了，也是大家对新兴货币较为谨慎的一个原因。战乱导致铜料减少，市面上流通的货币也就大大减少。

南北的饮食风俗

两晋南北朝时期，是中国饮食发展的关键阶段。这一节，我们从主食、副食、调味品等方面来讲解一下南北的饮食。

主食方面，南方的粮食作物还是以水稻为主，以小麦为辅。南方人更习惯吃稻米，甚至官员的俸禄也是拿稻米来支付，许多地方长官还有官家给的公田，比如陶渊明之所以出任彭泽县令，起初便是看中了彭泽县令的公田。当然，也有用白米做成的点心，比如粽子和裹蒸，后者和粽子相仿，原料是糖、糯米、香药、松子和胡桃仁等，再用竹叶裹蒸制作而成。北方的主食以小麦为主，点心方面则有各种饼类，《齐民要术》第九卷便记载了许多种饼的制作方法，比如有用面、肉、葱白制作的烧饼，还有白饼、粉

两晋南北朝

第九章 两晋南北朝的文学、艺术及生活

饼、鸡鸭子饼等。不过最常见的还是汤饼和煎饼。汤饼类似于如今的面片汤,制作时一只手托着和好的面,另一只手往锅里撕下面片;煎饼则是用油煎或者火烤制作而成。另外,如今大家喜欢的春饼和馄饨,也是当时的人非常喜欢的食品。

在副食品方面,除了天南海北都爱吃的猪肉和鸡肉,东南方向的人更偏爱吃水产,西北方向的人则更偏爱吃牲畜。当时南方人最爱吃的水产当属鲜鱼,为了保存方便也会将鲜鱼制成鱼干。除了鱼类,南方人还喜爱吃海蜇与螃蟹等,可见"第一个吃螃蟹的人"很早便有了。至于北方人,最爱吃的牲畜当属牛羊肉。北方民族进入中原后,也有耕种的需求。官方会禁止宰杀耕牛,不过贵族之家并不会顾忌这些。随着游牧民族进入中原,烤肉也来到许多人的餐桌上,如今出土的晋朝壁画中就有烤肉的画像。蔬菜方面,两晋南北朝时期有大头菜、黄芽菜、白菜、青菜、韭菜、冬葵、茄子、茭白、莼菜等,种类也算比较丰富了。

在调味品方面,当时的人们已经会从甘蔗汁中榨取糖汁,从而进一步制成蔗糖。蔗糖经过加工,又能制成一种

名为石蜜的食品,这便是我们今天的冰糖。以种类来说,酱料是两晋南北朝人们最擅长制作的副食品,包括甜酱、豆酱、鱼酱、虾酱及用麦子、芥子等植物制作而成的酱料,可谓万物皆可酱。除了甜味品和酱料,醋和葱也是当时重要的调味品。

至于我们当今流行的饮茶和饮酒风俗,在两晋南北朝时已是比较流行。当时的饮茶方式,是先将茶叶碾成细末,再加上油膏等制成茶饼或茶团,等到饮用时将其捣碎,再放上葱、姜进行煎煮。不过当时的茶可能味道并不好,东晋名士王濛非常喜欢饮茶,经常强行让客人饮茶,他的名士朋友每次去他家就称"今日有水厄"。饮酒方面,以陶渊明爱好饮酒最为出名,不过当时的酒多数是米酒,度数不高。因为北方游牧民族与中原人民融合,北方草原特有的乳酪也进入中原,在上层贵族中一度有"饮酪"的风俗。当然,这种乳酪是非常昂贵的,普通人自然无缘得尝。

最后说说当时人的进食频次和进食方式。先秦时期,许多人都习惯一日两餐,是为了适应"日出而作、日落而息"的农业生产规律;到了两晋南北朝时,随着社会生产的发展和社会财富的增加,许多家庭已经开始实行一日三

两晋南北朝

第九章 两晋南北朝的文学、艺术及生活

餐制了。当然，在贫困家庭还是难以实现一日三餐的，毕竟许多人在战乱时期连温饱都成问题。在进食方式上，先秦两汉的人都席地而坐，各自在案前就食，是为分食制。虽然这种分食制在两晋南北朝甚至隋唐时期都有保留，不过因为民族融合，许多坐卧用具如胡床（即小马扎）等流传到中原，越来越多的人开始实行合餐制，这也是当代中国人最常见的进食方式。

讲完了饮食，我们再稍微提一下两晋南北朝时的风俗节日。

两晋南北朝时用的是农历，比较常见的节日有元旦、人日、正月十五、社日、寒食、上巳、端午节、乞巧节、中元节、重阳节、腊日和除夕等。在这些节日之中，除了人日、社日、寒食、上巳，其他节日在如今也是常见的。值得注意的是，这里的元旦是正月初一，而不是我们现在公历新年的第一天。腊日最开始的日期是不固定的，在南北朝时才定为腊月初八。中秋节此时也没有出现，要到唐朝才有。

人日是正月初七，这天人们要用七种菜做羹，还要用彩缎或者金箔制成人形，贴在屏风上或者戴在头上。此时

的正月十五还没有吃元宵和看花灯的风俗,那是唐朝之后才有的,此时的人们多在该日祭祀。社日则是为了祭祀农神,一般在春天和秋天的第二个月举行。寒食节一般在冬至后的105天左右,大约是在如今的清明节之前,传说是为了纪念春秋时晋国大臣介子推,大家在寒食节起三天内不再举火,而食用冷食,这些冷食有糗(炒熟的谷粉和米粉)、饧大麦粥(煮熟的大麦浆加杏仁后冷凝,配糖食用)。上巳节我们在兰亭的篇章里讲述过,在此不再赘述。乞巧节就是如今的七夕,当时还没有情人节的意味,妇女们在这天穿针乞巧,众人也可以在这天守夜祈福。中元节在七月十五,原本是道教的节日,后来成了佛教的盂兰盆节,如今则成为纪念逝去亲人的节日。其他如重阳登高赏菊、除夕辞旧迎新、元旦团圆拜贺等风俗,已与现在相同,便不再详述了。

贾思勰与《齐民要术》

贾思勰,生平难考,疑是青州益都(今山东寿光市)人。从《齐民要术》的署名来看,贾思勰曾经在北魏担任过高阳太守。

两晋南北朝

第九章 两晋南北朝的文学、艺术及生活

> 《齐民要术》全书十卷九十二篇，系统地总结了6世纪前黄河中下游地区的农业科学技术和生物化学技术，反映了劳动人民的农牧业生产经验，被誉为"中国古代农业百科全书"。

南北的地理交通

两晋南北朝时，战乱频繁，给当时人的出行也造成了诸多不便。除了道路因战乱而难以通行，许多以往的大都市也遭到了重度破坏。如汉都长安城就在西晋末年被破坏得颇为严重，直到前秦苻坚建都长安时才有所恢复，使得长安再次成了北方的交通枢纽；又如西晋的都城洛阳，也在战乱中多次被损坏，之后成为北魏首都，再一次成为多地汇集之所。

当时的大都市除了长安、洛阳、建康以外，曾经做过都城的邺城、成都、平城等地，也成了连接各地的交通枢纽，是陆上的重要中转地。至于水上地理，则以北魏郦道元的《水经注》记述得最为详细。

当时的陆地交通工具有车、舆、辇等，其中车是最为重要的交通工具。如果以形制来区分，车有棍车、轺车、皂轮车、油幢络车之分；若以所用牲畜来区分的话，车则有马车、犊车（牛车）、羊车、鹿车等。其中，牛车成为当时最主要的交通工具。经过训练的牛拉车的速度还是很可观的，西晋石崇和王恺在斗富中也曾进行过牛车的较量。

当然，速度最快的交通工具当属马匹。由于马镫的出现，骑马的人只需要掌握好控制马匹的技术，便能高效地行走在陆地之上。在北方，许多低级官僚和普通人还会选择牛和骡来骑乘，这是一种比较经济的出行方式。

水上交通工具方面，普通的舟楫是民间最常用的。两晋南北朝时期，在河水环绕的江南地区，造船业发展迅猛，不仅可以造出许多载重量大且安全可靠的大船和楼船，还能造出机动性强、灵活轻便的快船小艇。在速度方面，船速也较以前有了不小的提高，据说东晋时从寻阳到建康，如果顺风扬帆，八百里水路一天便能走完。这当然有夸张的成分，和李白诗句中"千里江陵一日还"的夸张手法有类似之处，不过也能窥见当时造船水平之高。

古代官员出行有官方设立的驿站，普通人出行只能选

两晋南北朝

第九章 两晋南北朝的文学、艺术及生活

择民间开办的逆旅，也就是我们如今说的旅店。"人生如逆旅，我亦是行人"，说的便是这个。当时的逆旅和客店可以为客人提供食品和炊具，也能向客人提供牲畜的饲料和其他用品。除此之外，僧人的寺庙也是许多人会选择的栖息之所，毕竟这个时期佛教发展迅猛，寺庙经济发展得着实不错。

值得一提的是，两晋南北朝时的驿站也有传递信函的功能。当时的官府通过驿站传递书信，官员们则可以让使者代为捎信给亲友。比如文士谢朓就曾让使者帮忙捎信，他"执笔便成，文无点易"，可见他文采之斐然。普通人无权使用官府的驿站，也没有财力建造自己的驿站，他们更多的是让同僚与友人代为捎信。这样的通信效率自然是非常低的，不难得见古代地理交通对信息传输的影响。

> **《水经注》**
>
> 郦道元，字善常，范阳涿县（今河北涿州市）人，曾在北魏担任尚书客郎，孝文帝迁都后，他又在地方上多次担任要职，这也有助于他撰写《水经注》，可惜在527年为叛

军所害。

《水经》原本只有三卷，记载了我国的河流情况；而《水经注》则通过作注的形式，对河流进行了许多具体和条理井然的介绍，字数为原书的二十多倍。《水经注》中对山水的描绘也有颇高的文学价值，如描写三峡的篇章就曾选入中学教材。除此之外，《水经注》记录了不少碑刻墨迹、渔歌民谣以及其他许多已经失传的文献，对研究中国古代的历史、地理有很高的参考价值。

思 考

（一）在隋唐科举制诞生之前，朝廷主要是通过什么制度选拔人才？

（二）《齐民要术》和《水经注》的作者分别是谁？他们是哪个国家的人？

结语：两晋南北朝是一个什么样的时代？

对不少人来说，两晋南北朝最明显的标签便是"动乱"，甚至有一些朋友很难区分东晋十六国与五代十国。的确，这个时代是动乱的，光本书正文涉及的政权就有三十多个。

在两晋南北朝之前，有众人津津乐道的三国时代：魏蜀吴三分天下，曹刘孙争霸称雄，何其精彩；在两晋南北朝之后，又有隋朝和唐朝两个盛世王朝，其中唐代更有贞观之治、开元之治与李杜等众多诗人的加持，何其辉煌！

那么，动乱的两晋南北朝，又有哪些地方值得我们去了解呢？

首先，动乱就意味着"寻求和平"。所谓一乱一治，从

八王之乱开始，天下便陷入了动乱，也开启了三百年的动乱时代，在这期间生活的百姓，很少能感受到安宁。长期的动乱，其实也意味着这些军阀或者君主都在致力于寻求他们眼中的统一与和平。的确，这是一个民族融合的时代，许多少数民族在这个时期内迁，有匈奴、鲜卑、羯族、羌族、氐族等。这些少数民族纷纷在中原地区建国，与原先中原的百姓一起生活。他们抛却了以往的部族生涯，开始了钦羡华夏的岁月。前有出身氐族的前秦和出身羌族的后秦衣冠华夏，大力宣扬儒学；后有出身拓跋鲜卑的北魏汉化改革，让整个北魏都焕然一新。这些人，都为华夏民族的融合做出了贡献。

其次，动乱也意味着这是"英雄的时代"。虽然我们并不赞成"英雄史观"，但仍然相信，动乱的时代会涌现出许多英雄。在本书中，政坛的英雄人物便有不少：有闻鸡起舞的刘琨和祖逖、忠君为国的谢安、仁义满怀的苻坚、英勇知义的慕容垂、气吞万里如虎的刘裕、知人善任的宇文泰，等等。这些英雄虽然有些并不算非常知名，但是在两晋南北朝这个时代，他们却是当之无愧的英雄人物。

再次，动乱中的文化也值得关注。两晋南北朝时的诗

两晋南北朝

第九章 两晋南北朝的文学、艺术及生活

坛诞生两位"诗祖",一位是开创了田园诗派的东晋诗人陶渊明,另一位是开创了山水诗派的南朝宋诗人谢灵运。陶谢二人,分别影响了大唐的诗坛名家孟浩然和王维。此外,南梁一朝更是中国古代的第二个文学盛世,萧衍父子依靠他们的文学才能与政治地位,集结了多个文学集团,也诞生了多部文学巨著,《文心雕龙》《诗品》《文选》《玉台新咏》等都诞生于这个时代前后。

最后,动乱之时的思想、艺术、科技乃至风俗等也值得我们关注。虽然本书在这些方面的介绍并不算非常详细,不过却可以让大家大致了解这些领域的面貌,希望这些介绍可以在大家心中描绘出一个属于你们自己的两晋南北朝。

总体来说,动乱的两晋南北朝确实给我们留下了许多遗产,那个时代的玄学兴盛,许多名士放浪形骸、追逐自由,似乎给予部分人一个"荒唐且美好"的错误标签。其实,生活在那个时代的人们,大多数都是不幸的。百姓们不仅饱受战乱,还要应付所在国家的税赋,能填饱肚子便是万幸,哪里有空闲和机会去放浪形骸呢?这些看似令人欣羡的名士生活,只不过是帝制时代中统治阶级的特权罢

了。

只有在浏览过两晋南北朝这个动乱的时代，我们才能越发珍惜和平岁月。也只有深刻了解了两晋南北朝这个时代，我们才能明白为何华夏大地会孕育出隋唐盛世；只有深入了解了南北朝时期永明体诗歌的诞生，我们才能理解大唐的律诗和绝句因何而成。凡此种种，都是了解这个时代的意义。

希望读者在读完这本书后，能够对两晋南北朝这个时代有更深的兴趣，也能够有时间去阅读更多的相关书籍。让我们一起去了解历史、探索未知吧！

附录一 参考书目

（唐）房玄龄，《晋书》，中华书局，1974年。

（晋）陈寿，《三国志》，中华书局，1959年。

（北魏）魏收，《魏书》，中华书局，1974年。

（唐）李百药，《北齐书》，中华书局，1972年。

（唐）令狐德棻，《周书》，中华书局，1971年。

（南朝梁）沈约，《宋书》，中华书局，1974年。

（南朝梁）萧子显，《南齐书》，中华书局，1972年。

（唐）姚思廉，《梁书》，中华书局，1973年。

（唐）姚思廉，《陈书》，中华书局，1972年。

（唐）李延寿，《南史》，中华书局，1975年。

（唐）李延寿，《北史》，中华书局，1974年。

（唐）魏征，《隋书》，中华书局，1973年。

（宋）司马光等撰，《资治通鉴》，中华书局，2011年。

（北魏）崔鸿撰、（清）汤球辑补，《十六国春秋辑补》，2020年。

仇鹿鸣，《魏晋之际的政治权力与家族网络》，上海古籍出版社，2012年。

丘光明、邱隆、杨平，《中国科学技术史·度量衡卷》，科学出版社，2001年。

黄冕堂，《中国历代物价问题考述》，齐鲁书社，2008年。

潘吉星，《中国造纸史话》，商务印书馆，1998年。

胡阿祥、孔祥军、徐成，《中国行政区划通史·三国两晋南朝卷》，复旦大学出版社，2014年。

牟发松、毋有江、魏俊杰，《中国行政区划通史·十六国北朝卷》，复旦大学出版社，2016年。

马长寿，《乌桓与鲜卑》，广西师范大学出版社，2006年。

周伟洲，《汉赵国史》，广西师范大学出版社，2006年。

李硕，《南北战争三百年：中国4—6世纪的军事与政权》，上海人民出版社，2018年。

刘琳，《华阳国志校注》（修订版），成都时代出版社，

2007年。

高然、范双双，《成汉国史》，社会科学文献出版社，2020年。

赵向群，《五凉史》，社会科学文献出版社，2019年。

张旭华，《九品中正制研究》，中华书局，2015年。

陈长琦，《两晋南朝政治史稿》，河南大学出版社，1992年。

孙正军，《东晋南朝的东西省》，《中国中古史研究》第三卷，中华书局，2013年。

田余庆，《东晋门阀政治》，北京大学出版社，1996年。

李圳，《后赵国史》，陕西师范大学博士学位论文，2017年。

胡阿祥，《吾国与吾名》，江苏人民出版社，2018年。

罗新，《十六国北朝的五德历运问题》，《中国史研究》2004年第3期。

龚斌，《鸠摩罗什传》，上海古籍出版社，2019年。

祝总斌，《材不材斋文集——祝总斌学术研究论文集（下编）》，三秦出版社，2006年。

张金龙，《北魏政治史》，甘肃教育出版社，2008年。

津田资久，《谶言"代汉者，当涂高"再考》，《中国中古史集刊》第六期，商务印书馆，2020年。

袁行霈，《中国文学史》，高等教育出版社，1999年。

缪钺，《陶潜不为五斗米折腰新释》，《缪钺全集》，河北教育出版社，2004年。

章培恒、骆玉明，《中国文学史新著》，复旦大学出版社，2007年。

徐公持，《魏晋文学史》，人民文学出版社，1999年。

曹道衡、沈玉成，《南北朝文学史》，人民文学出版社，1991年。

王力，《汉语音韵说》，中华书局，1981年。

周伟洲，《南凉与西秦》，社会科学文献出版社，2021年。

吴洪琳，《大夏国史》，陕西师范大学博士学位论文，2005年。

王仲荦，《魏晋南北朝史》，上海人民出版社，2003年。

田余庆，《拓跋史探》，生活·读书·新知三联书店，2003年。

田余庆，《秦汉魏晋史探微》，中华书局，2004年。

王怡辰，《魏晋南北朝交易与发行》，文津出版社，

2007年。

李凭，《北魏平城时代》，社会科学文献出版社，2000年。

刘子敏，《高句丽历史研究》，延边大学出版社，1996年。

金大珍，《北魏洛阳城市风貌研究——以〈洛阳伽蓝记〉为中心》，中国社会科学出版社，2016年。

于宝林，《中华历史纪年总表》，社会科学文献出版社，2010年。

黄留珠，《秦汉仕进制度》，西北大学出版社，1985年。

祝总斌，《两汉魏晋南北朝宰相制度研究》，中国社会科学出版社，1990年。

阎步克，《察举制变迁史稿》，中国人民大学出版社，2009年。

姚朔民，《中国货币通史·第一卷》，湖南人民出版社，2018年。

思考题答案

附录二

第一章 第一节：西晋开国

（一）西晋的奠基人主要是谁？他们分别做了什么？

答：西晋的奠基人主要是司马懿、司马师和司马昭父子。司马懿领衔发动了高平陵之变，平定了王凌之乱；司马师废黜魏帝曹芳，平定了毌丘俭和文钦的动乱；司马昭平定了诸葛诞领衔的叛乱，消灭了蜀汉。

第一章 第二节：后继无人

（一）你认为贾南风最明显的特质是什么？她为了掌权最先

除掉了哪位大臣？

答：贾南风最明显的特质是权欲熏心，她上台后除掉了外戚杨骏，以便操持国政。

第一章　第三节：自相攻伐

（一）西晋大臣张华是一个什么样的人？

答：张华是一位懂得审时度势并有着自身原则的大臣，他在八王动乱之初选择帮助贾南风消灭楚王司马玮，是为了朝局的稳定；他会经常劝谏贾南风，也会在贾南风迫害太子之时为太子说话。除此之外，张华还是一位博物学家，撰有《博物志》一书。

第二章　第一节：二赵崛起

匈奴人刘渊为什么要以"汉"为国号？

答：刘渊虽然是匈奴人，但是家族早已改姓刘，所以用刘氏建立的汉朝国号来建立政权。除此之外，包括刘渊在内的匈奴部族在东汉末年内迁后便逐渐汉化，以汉为国

号还可以更好地号召汉人归附自己。

第二章 第二节：宰割天下

你如何看待祖逖和刘琨这两位人物？

答：祖逖和刘琨是两晋之际难得的义士，他们不仅有建功立业的大志，而且心存晋室，为了恢复大晋而奋战终身。不过，刘琨的统御能力不足，这导致了他与鲜卑结盟后终至殒命；祖逖威慑后赵，不过被东晋朝廷忌惮，使其郁郁而终，两人都是可悲的英雄人物。

第二章 第三节：尴尬皇家

司马睿能够在江南建立东晋，成功的原因有哪些？

答：司马睿能够成功，原因有三点：一是依靠他自身的司马家血统，以晋为国号延续国祚；二是与琅邪王氏联盟，有王导这样的能臣辅佐；三是与江南大族合作，对待这些大族极其包容。

第三章 第一节：东晋初乱

为什么东晋建国初期会有那么多动乱呢？

答：首先是司马睿建立的东晋并不算稳固，司马家对于地方的控制力过于薄弱；其次则是当时天下动乱，让那些拥有兵权的军阀们有了染指皇权的野心。

第三章 第二节：二赵纷乱

东晋建国初期的这几位大臣（王导、郗鉴、陶侃），你最喜欢哪一位呢，为什么？

答：这是一道开放题。王导为建立东晋呕心沥血，郗鉴则制衡朝廷斗争，陶侃平定多次动乱，都有值得肯定的地方。

第三章 第三节：东晋的北伐

（一）如果你参加了兰亭会，你会对王羲之他们说些什么呢？

答：这是一道开放题。兰亭会上诸位名士曲水流觞、

吟诗谈玄，共同欢度上巳节。这里的许多活动你都可以参与，甚至还可以跟王羲之探讨书法技艺。

（二）桓温的皇帝梦为什么破灭了？

答：桓温虽然有灭亡成汉、收复洛阳的功劳，但是他在枋头之战中落败导致他的名望受损，朝廷的大族们并不看好他。除此之外，桓温的年事已高，心有余而力不足，所以才会被谢安和王坦之等人多次阻拦。

第四章　第一节：秦晋之战

（一）说一说你对释道安和鸠摩罗什这两位大僧人的印象吧。

答：这是一道开放题。释道安是第一位姓释的中国僧人，鸠摩罗什可谓是自古以来的译经大师，都有许多的记忆点。

第四章　第二节：复国之路

（一）苻坚失败的原因是什么？

答：苻坚失败的原因可以分为内外两个方面：对内，他由于自身的仁慈没有很好地控制征服后的各部族，导致前秦在战后分崩离析、内乱不断；对外，他在淝水之战的战前对东晋有错误的预估，过于轻视敌人。

第四章 第三节：东晋内乱

孝武帝司马曜去世后，东晋先后出现过哪些动乱？

答：首先是王恭联合殷仲堪、桓玄等人发起的两次动乱；其次是以孙恩为首的天师道发动的起义；最后则是势力膨胀的桓玄发动的动乱，使其篡位成功。

第五章 第一节：气吞万里如虎

刘裕是靠什么逐渐在东晋崛起的？

答：主要是军功，刘裕先是在平定天师道的战斗中积攒了资历和名望，之后再带领北府将领推翻了桓楚政权，走上了权臣之路。后来，他又对外平定了南燕和后秦，对内消灭了刘毅、诸葛长民和司马休之等势力，从而坐稳了

权臣的位置。

第五章　第二节：刘宋兴衰

（一）宋武帝刘裕死后，为何南朝宋会迅速爆发内乱呢？

答：原因主要有两个：第一，刘裕的继任者宋少帝并没有足够的才能，在执政初期就有不少的荒唐举动；第二，刘裕留下的托孤大臣有几位权欲过重，与藩王关系不佳，从而走上了废黜之路。

第五章　第三节：魏平北方

十六国的政权都有哪些？还有哪些政权没有算进十六国之中？

答：十六国的说法来自崔鸿的《十六国春秋》，分别有前赵（汉赵）、后赵、成汉、前凉、后凉、北凉、西凉、南凉、前秦、后秦、西秦、前燕、后燕、南燕、北燕和大夏。一般是通过"五凉四燕、三秦二赵、成汉大夏"进行记忆。不过，冉魏、西燕、仇池、谯蜀、翟魏、段部鲜卑和吐谷浑等政权没有包括在内，北魏的前身代国也没有进入十六国的名列之中。

第六章　第一节：北魏改革

（一）宋文帝一共对北魏发动过几次北伐？分别是在什么时候？

答：宋文帝一共进行过三次北伐，分别是在430年、450年和452年。

（二）冯太后颁布均田令的目的是什么？

答：均田令按照每户人口中男女的年龄与数量，分别给予耕田、桑田、麻田等，主要是为了保证百姓们有足够的耕田使用。当然，冯太后如此保障百姓权益，打压侵占农田的大族们，也是为了维护北魏政治的稳固。

（三）孝文帝的汉化改革，主要在哪些方面？

答：孝文帝的汉化改革有多条措施，包括禁止大臣和百姓穿胡服，禁止众人说鲜卑语，设立国子监和太学让贵族子弟入学，改鲜卑族人的姓氏为汉姓等。

第六章　第二节：兰陵萧氏

（一）南齐和南梁的两位开国皇帝分别是谁，他们有什么关系？

答：南齐的开国皇帝是萧道成，南梁的开国皇帝是萧衍。他们都出自兰陵萧氏，是同一个家族的。萧衍的父亲萧顺之和萧道成是同族兄弟，他们的高祖父都是东晋淮阴令萧整，萧衍是萧道成的族子。

第六章　第三节：萧梁的文学之朝

（一）南梁文学昌盛，那些生活在南梁的文人，都撰写或编写了哪些文学巨著呢？

答：南梁文人们编撰的文学巨著有很多，这包括刘勰的《文心雕龙》、钟嵘的《诗品》、昭明太子萧统主编的《昭明文选》、徐陵主编的《玉台新咏》等。

第七章　第一节：北魏衰乱

（一）北魏的六镇有哪些？它们在如今的什么地方？

答：六镇指的是北魏在平城北部设置的六个重镇，分别是沃野镇、怀朔镇、武川镇、抚冥镇、柔玄镇、怀荒镇，都在如今的内蒙古和河北一带。

第七章　第二节：两魏争雄

东魏和西魏的实际控制者分别是谁？他们都有哪些功绩？

答：东魏的实际控制者是高欢，西魏的实际控制者是宇文泰。高欢击败了掌握北魏朝权的尔朱家族，宇文泰则在与高欢的战斗中多次获胜，提升了原本薄弱的西魏的国力。

第七章　第三节：侯景乱梁

（一）侯景在南梁造成那么大的灾祸，原因是什么？

答：侯景之乱之所以可以造成如此大的破坏，主要是因为年迈的萧衍对于侯景有政治幻想，从而对其僭越举动再忍让姑息；再加上萧衍对宗族子弟过于宽容，这才导致侯景能够联合南梁宗室攻破都城、掌握朝权。除此之外，

萧衍之子萧绎贪恋皇权不愿尽力相救，也可以算得上是侯景之乱的潜在帮凶。

第八章　第一节：新三国时代

（一）东魏、西魏、南梁相继灭亡后，新的三国时代是哪三个国家呢？这三个国家的创立者分别是谁？

答：新三国时代是北齐、北周和南陈。其中，北齐代替了东魏，建立者是高洋；北周代替了西魏，建立者是宇文觉；南陈代替了南梁，建立者是陈霸先。

第八章　第二节：南北朝谢幕

终结两晋南北朝的人是谁？他在统一南北之事上主要做了什么？

答：终结两晋南北朝的人是杨坚，他原本是北周大臣，他先是篡了外孙周静帝的皇位，建立隋朝，而后出兵消灭了南陈。

第九章　第一节：文学

（一）你对大诗人陶渊明的归隐有什么看法？

答：这是一道开放题，大家对陶渊明原先多是田园诗人的标签，如今可能开始关注他与东晋大臣们的交往，或者对他归隐的深层原因有新的感悟，又或者对他田园诗以外的诗歌有了一些兴趣。

（二）南朝宋文坛最杰出的三位诗人是谁？他们的诗歌都有什么特征？

答：颜延之、谢灵运和鲍照，合称元嘉三大家。颜延之善于雕琢词句，谢灵运善于捕捉山水，鲍照则诗风刚健俊逸。

（三）被称为"穷南北之胜"的文学家是谁？他有什么不一样的人生经历？

答：庾信，他先在南梁为臣，出使西魏时国家灭亡，从而留在了西魏。庾信又先后在西魏和北周任职，仕途顺遂。因其在西魏有开府仪同三司的职位，被后世称为"庾

开府"。庾信融合南北文风，成为两晋南北朝时的文坛大家。

第九章　第二节：思想、科技与艺术

（一）玄学主要分为几个阶段？代表人物都有谁？

答：玄学可以分为四个阶段。第一阶段是正始玄学，代表人物为王弼与何晏；第二阶段为竹林玄学，代表人物为竹林七贤里的阮籍和嵇康；第三阶段为西晋玄学，代表人物为裴頠和郭象；第四阶段为东晋玄学，代表人物为殷浩和刘惔。

（二）北魏最有名的石窟是哪几座？分别在现在的什么地方？

答：甘肃敦煌的莫高窟，山西大同的云冈石窟，河南洛阳的龙门石窟和甘肃天水的麦积山石窟。

第九章　第三节：社会生活、饮食风俗与地理交通

（一）在隋唐科举制诞生之前，朝廷主要是通过什么制度选拔人才？

答：在两汉时期，主要是通过察举制选拔人才。在魏

晋南北朝时期，则主要是九品中正制与察举制共同来选拔人才。

（二）《齐民要术》和《水经注》的作者分别是谁？他们是哪个国家的人？

答：《齐民要术》的作者是贾思勰，《水经注》的作者是郦道元，他们都是北魏人。